Edgar Rai
Homer für Eilige

atb aufbau taschenbuch

EDGAR RAI, geboren 1967, wurde mehrerer Schulen verwiesen, ging ein Jahr nach Amerika und studierte Musikwissenschaften und Anglistik in Marburg und Berlin. Er arbeitete unter anderem als Drehbuchautor, Basketballtrainer, Chorleiter, Handwerker und Onlineredakteur. Seit 2001 ist er freier Schriftsteller. Bisher erschienen u.a. die Romane »Vaterliebe« und »Nächsten Sommer«. Zuletzt kam der Roman »Sonnenwende« bei Rütten & Loening heraus. Edgar Rai hat drei Kinder und lebt in Berlin.

Wussten Sie, dass vor fast dreitausend Jahren ein Mann namens Odysseus jedem Rock nachstellte und sich dennoch als treuer Gatte fühlte? Wussten Sie, dass dieser Odysseus hoffnungslos romantisch und gleichzeitig beängstigend brutal und schändlich hinterhältig war? Wussten Sie, dass er ein Habenichts war, den Könige und Götter verehrten, und dass er aus Liebe zu Frau und Sohn die Unsterblichkeit ausgeschlagen hat? – Edgar Rai befreit Homers berühmten Helden vom Staub der Tradition und Wissenschaft. In seiner farbenprächtigen und rasanten Nacherzählung der »Ilias« und der »Odyssee« agieren vielschichtige und sehr lebendige Persönlichkeiten, die uns heute noch genauso bewegen wie die Menschen vor Tausenden Jahren.

Edgar Rai

Homer
für Eilige

 aufbau taschenbuch

Mit 16 Abbildungen und 1 Karte

FSC
Mixed Sources
Product group from well-managed
forests and other controlled sources
Cert no. SA-COC-001819
www.fsc.org
© 1996 Forest Stewardship Council

ISBN 978-3-7466-1899-9

Aufbau Taschenbuch ist eine Marke der Aufbau Verlag GmbH & Co. KG

2. Auflage 2011
Die Erstausgabe erschien 2002 bei Aufbau Taschenbuch
Umschlaggestaltung und Illustration morgen, Kai Dieterich
Druck und Binden CPI Moravia Books, Pohořelice
Printed in Czech Republic

www.aufbau-verlag.de

Kopie einer Homerbüste
(um 100 v. Chr.)

Inhalt

I. ZUVOR

Homer lesen?

Warum soll man sich mit Literatur befassen, die vor mehr als zweieinhalbtausend Jahren entstanden ist? Was können uns so alte Geschichten und eine so alte Sprache noch vermitteln, das für unser Leben von Belang wäre?

Tatsächlich wirken die beiden Hauptwerke des antiken Dichters Homer – die *Ilias* und die *Odyssee* – zunächst etwas sperrig. Es sind Epen von nahezu 16000 beziehungsweise 12000 Versen Umfang, geschrieben im Hexametergesang, der damals gebräuchlichen Wortkunstform der Oberschicht, die als mündliche Überlieferungsart bereits seit Jahrhunderten gebräuchlich war. Kaum einer wird nach der Lektüre der ersten hundert Hexameter der *Ilias* freudig ausrufen: »O toll! Da lese ich doch die anderen 15900 auch gleich noch!«

Dabei wird man für die Mühe, sich auf Homer einzulassen, reich belohnt. Von ihrer einzigartigen kulturgeschichtlichen Bedeutung und dem Umstand, daß man »die eigentlich mal gelesen haben muß«, einmal abgesehen, erweisen sich seine Epen nämlich bei näherer Betrachtung als großartige Storys voller Spannung und Psychologie. Die *Ilias* hat den sagenumwobenen, zehn Jahre dauernden Krieg um Troja zum Thema, der etwa 1200 Jahre vor Christus stattgefunden haben soll; die *Odyssee* erzählt die Geschichte eines der Helden dieses Krieges – Odysseus –, dessen schicksalhafte Rückkehr in die Heimat zu einer beispiellosen Irrfahrt gerät.

Leider sind Homers Werke im Laufe der Zeit von der Last ihrer eigenen Bedeutung etwas erdrückt worden: Auf der Suche nach einem Vergleich, der ihre Wirkungsgeschichte treffend umreißt, werden die Bibel oder der Koran herangezogen – und in der Spätantike gab es tatsächlich Bestrebungen, sie in den Stand einer »heidnischen Bibel« zu erheben. Seit dem Beginn der intensiven wissenschaftlichen Auseinandersetzung mit Homers Hinterlassenschaft im 3. vorchristlichen Jahrhundert hat die Beschäftigung damit ununterbrochen fortgedauert.

Dabei hat sich der Einfluß seiner Werke längst nicht nur auf den literarischen beziehungsweise kulturellen Bereich beschränkt. Über Jahrhunderte haben sich immer wieder Philosophen mit ihnen befaßt, Rhetoriker, Politiker und Historiker sowieso. Themen, Figuren und Motive aus Homers Werk finden sich in allen Künsten aller Zeiten: angefangen bei der Darstellung prägnanter Szenen auf antiken Vasen bis zur filmischen Umsetzung seiner Stoffe in unserer Zeit. Über Jahrhunderte waren Homerische Szenen als Bildmotive gefragt – gerne solche mit unverkennbar moralischer Aussage. Die Römer sahen sich als Nachfahren des trojanischen Helden Äneas, und im Mittelalter stammte plötzlich jeder, der es sich leisten konnte, von den Trojanern ab, so zum Beispiel die Merowinger und Karolinger. Überhaupt beanspruchten Adel und Rittertum ein trojanisches Erbe für sich.

In der höfischen Literatur des Mittelalters bildet der trojanische Heldenmythos mit seinen Wertvorstellungen das Vorbild und Ideal für Ritterschaft und Minne. Auch wenn Homer zu dieser Zeit nur dem Namen nach bekannt ist – der Mythos Trojas, der alle beschäftigt, ist erst durch seine *Ilias* unsterblich geworden. Immer neue Stämme und Völker machten sich im Laufe der Zeit den Mythos Trojas zu eigen.

Wer war Homer?

Im Gegensatz zu Troja, das Jahr für Jahr mehr von seinen Geheimnissen preisgibt, sperrt sich Homer, der etwa zwischen 750 und 680 vor Christus gelebt haben soll, hartnäckig gegen jeden Annäherungsversuch. Als Geburtsort und Wirkungskreis des Dichters nimmt man Smyrna (heute Izmir), Chios oder Kolophon an; alle drei Städte liegen im heutigen Westanatolien, das sich damals, mit Milet als Hauptstadt, zu einem wirtschaftlichen und kulturellen Zentrum des neuen Griechenland entwickelte. Sein Sterbeort könnte die Insel Ios gewesen sein. Tatsächlich aber ist nicht einmal erwiesen, ob er überhaupt je gelebt hat.

Überliefert ist uns Homer als blinder fahrender Sänger. Die Niederschrift der *Ilias* und *Odyssee* (wahrscheinlich auf Leder- oder Papyrusrollen) dürfte nach und nach während seiner Reisen erfolgt sein, wobei die Kernsagen kontinuierlich erweitert und ausgeschmückt worden sind. In jedem Fall stammen die Epen in der uns vorliegenden Form nicht vollständig von ihm: Der zehnte Gesang der *Ilias* beispielsweise hat erst später Eingang in das Werk gefunden, und auch die Unterteilung in jeweils 24 Gesänge ist, wahrscheinlich um sie für den Vortrag geeigneter zu machen, erst nachträglich vorgenommen worden. Entstanden sind sie um 720 v. Chr. und somit die ältesten schriftlich überlieferten Dichtungen der abendländischen Kultur überhaupt. Hineingeboren in die Tradition mündlicher Überlieferung und von der noch jungen Alphabetisierung der Sprache profitierend, könnte Homer der erste schriftlich arbeitende Dichter Griechenlands gewesen sein.

Zu dieser Zeit war der Mythos von der untergegangenen Stadt Troja bereits weit verbreitet; Homer schrieb eine Geschichte nieder, die in Grundzügen allgemein bekannt war. Wieviel davon seiner Imagination entstammt, läßt sich nicht mehr nachvollziehen.

Wahrheit versus Fiktion

Als sich Heinrich Schliemann 1871 auf die Suche nach den Überresten der Burg Ilion machte, die Homer als Schauplatz für seine *Ilias* gewählt hatte, hielt man Troja noch für einen Mythos und glaubte, die Sage sei frei erfunden. Spätestens seit

1996 aber kann als gesichert gelten, daß es sich bei den zehn verschiedenen Ausgrabungsschichten der Befestigungsanlage, die man inzwischen auf dem Hügel Hisarlik im Westen der Türkei freigelegt hat, um das Troja Homers handelt, das bereits um 1200 v. Chr. eine florierende Stadt mit ausgeprägter Infrastruktur und etwa 10 000 Einwohnern gewesen sein muß.

Die außergewöhnliche Bedeutung der Stadt und ihre lange und wechselvolle Geschichte erklären sich vor allem aus ihrer Lage: An der Einfahrt der Dardanellen gelegen, befand sich Troja an der Schnittstelle der griechischen Zivilisation und des barbarischen Asien. Es diente als Anlaufstelle für sämtliche Handelsschiffe, die die Enge zum Marmarameer passieren wollten. Da man mit den Schiffen der damaligen Zeit noch nicht gegen den Wind kreuzen konnte, mußte man an dieser Stelle oft wochenlang auf den geeigneten Wind warten.

Nach der Zerstörung der Stadt soll sie der Griechenfürst Agamemnon bei seiner Abfahrt verflucht haben, und in der Tat scheint der Hügel Hisarlik später für Jahrhunderte unbesiedelt geblieben zu sein. Fest steht, daß Homer das von ihm beschriebene Troja nicht gesehen haben kann; zwischen den Ereignissen vor Ilion und der Niederschrift des Epos *Ilias* liegen etwa 450 Jahre.

Die Ruinen der Stadt aber müssen noch zu Homers Zeit ein beredtes Zeugnis von ihrer einstigen Größe und dem sagenhaften Krieg zwischen Griechen und Trojanern vermittelt haben; die hochaufragende Stadtmauer von mindestens acht Metern Höhe, die der Sage nach Apollon und Poseidon errichtet hatten, sowie die Reste der Unterstadt und ihrer Umgrenzung waren damals noch deutlich zu sehen.

Ebenso kenntnisreich wie die Beschreibung Trojas sind die Schilderungen der Stationen von Odysseus' Irrfahrt, die von einer ungewöhnlichen Kenntnis des westlichen Mittelmeerraums zeugen – einer Gegend, die von den Griechen damals noch nicht befahren wurde. Ob Homer selbst jemals gesehen hat, was er Odysseus sehen läßt, kann nicht verläßlich geklärt werden. Er könnte seine detaillierten Kenntnisse auch von den Phöniziern gehabt haben, die als einzige diesen unbekannten und gefürchteten Teil des Mittelmeeres befuhren und sogar die Straße von Gibraltar durchsegelten. Von dem, was einen dort erwartete, erzählte man sich die schrecklichsten Geschichten – genährt von den Phöniziern, die sich auf ihren Handelswegen mögliche Konkurrenz vom Hals halten wollten.

Wer war Odysseus?

Ob der Odysseus Homers jemals wirklich gelebt hat, ist unbekannt. Kultisch verehrt hat man ihn offenbar schon Jahrhunderte vor Homer, Beweise seiner Historizität aber konnten bis heute ebensowenig erbracht werden wie für irgendeine andere der Homerischen Figuren.

Was Odysseus so interessant macht, hat nicht nur mit seinen unglaublichen Abenteuern zu tun; seine Geschichte wäre nur halb so spannend, wenn Homer aus ihm den strahlenden Helden ohne Fehl und Tadel gemacht hätte, den man zunächst einmal erwartet. Doch wir lernen Odysseus als vielschichtige Persönlichkeit kennen: Oft ist er weinerlich und verzagt, dann wieder mutig, listig und gerissen wie kein zweiter. Wann immer etwas Hinterhältiges ansteht, wird vorzugsweise Odysseus mit der Ausführung betraut. Dann wieder ist er hoffnungslos romantisch: Aus Liebe zu seiner Frau und seinem Sohn schlägt er sogar die Unsterblichkeit aus!

Und er ist eitel. Odysseus über Odysseus: *So wie immer Odysseus vor allen Menschen auf Erden wußte, was Nutzen schafft; da kann sich ihm keiner vergleichen.* Gemeint ist damit, daß er niemals etwas getan hätte, ohne nicht vorher zu bedenken, was für ihn dabei herausspringen würde.

In diesem Buch wird Odysseus' Irrfahrt aus Gründen der besseren Verständlichkeit chronologisch erzählt. In der Odyssee aber läßt Homer seinen Helden, nachdem er am Hof des Phäakenkönigs Alkinoos Aufnahme gefunden hat, seine Geschichte rückblickend selbst berichten, was eine gewisse Irritation hervorruft: Der Leser ist sich nie sicher, ob Odysseus' Abenteuer sich tatsächlich, wie von ihm geschildert, zugetragen haben, oder ob er hinzudichtet. Er stellte sich gerne im glänzenden Licht dar – möglich, daß er dabei eine Menge Seemannsgarn gesponnen hat, schließlich hing eine interessierte Zuhörerschaft an seinen Lippen, darunter hübsche Damen, die es zu beeindrucken galt.

In jedem Fall finden in Odysseus' Geschichte all die Sehnsüchte Erfüllung, die sonst im Leben so widersprüchlich und unvereinbar erscheinen: Als Fürst der unbedeutenden Insel Ithaka lebt er ein vergleichsweise bescheidenes und zurückgezogenes Leben, dann wieder verkehrt er in den höchsten Kreisen, tafelt mit den mächtigsten Herrschern und ist Gast in den prunkvollsten Palästen. Im Handumdrehen erobert er die Herzen der Frauen, die seiner seltenen Mischung aus Sensibilität, Klugheit und männlicher Stärke einfach nicht widerstehen können und ihn am liebsten alle vom Fleck weg heiraten würden. Er stürzt sich sogar mit Göttinnen in heiße Liebesabenteuer – und doch bleibt die Treue zu seiner geliebten Gemahlin Penelope (wenigstens im Herzen) ungebrochen. Zugleich ist er ein friedfertiger, liebevoller Familienvater und unvergleichlicher Abenteurer. (Es sollte allerdings darauf hingewiesen werden, daß seine Herumtreiberei und glorreiche Heimkunft nur dank einer Frau vom Schlage Penelopes möglich war, die die übermenschliche Ausdauer aufbrachte, zwanzig Jahre lang auf die Rückkehr ihres Gatten zu warten.)

Die Erfahrungen, die Odysseus macht, verändern ihn: Als er nach zehn Jahren Krieg gegen Troja und weiteren zehn Jahren Irrfahrt nach Hause zurückkehrt, besitzt er die Nachdenklichkeit des gereiften Mannes, dem die Vergänglichkeit des Lebens zu Bewußtsein gekommen ist. Es *sind ja den Menschen nur wenige Tage beschieden*, wie Penelope sagt.

Homer, das zeigen diese Beispiele, erweist sich als genauer

Beobachter des Menschseins. Das Handeln und die Aussprüche seiner Protagonisten künden von einem Verständnis der menschlichen Natur, das auch nach 2700 Jahren nichts von seiner Gültigkeit eingebüßt hat.

Kleine Götterkunde

Nichts geht ohne die Götter bei den alten Griechen. Sie sind für das Wetter verantwortlich, für Krieg und Frieden, Hungersnöte und für den Streit mit dem Nachbarn. Auch bei Homer sind die Bewohner des Olymp unermüdlich im Einsatz. Neben Zeus, dem *obersten der Götter*, und seiner Frau Hera gibt es noch zwölf weitere große Gottheiten. Die weiblichen heißen Aphrodite, Artemis, Athene, Demeter, Hestia. Die männlichen hören auf die Namen Apollon, Ares, Dionysos, Hades, Hephaistos, Pan und Poseidon. Wenigstens von diesen (es gibt noch zahllose andere) seien kurz diejenigen vorgestellt, die in Homers Epen von Bedeutung sind.

ZEUS und HERA: Der Gott des Himmels und Beherrscher des Olymp war der größte Schürzenjäger der griechischen Mythologie; kaum eine Frau oder Göttin durfte sich vor ihm sicher fühlen. Die Ehe mit seiner ohnehin zänkischen Schwester Hera vermochte daran auch nichts zu ändern. Hera war intrigant, intelligent und wußte ihren Willen durchzusetzen; Göttinnen oder sterbliche Frauen, die sich von Zeus Kinder hatten machen lassen, gingen ihr besser aus dem Weg.

Sie waren das sprichwörtliche alte Ehepaar: Er wollte im Grunde nur seine Ruhe, sie hingegen ließ keine Gelegenheit aus, einen Streit vom Zaun zu brechen. Er hatte die Macht, sie führte das Regiment. Selten nur lehnte er sich gegen ihren Willen auf; es war ihm schlicht zu anstrengend.

Neben Ares und Hephaistos, die der Ehe mit Hera entstammten, zeugte Zeus zahllose Götter und Halbgötter. Bei

19

Homer begegnen uns unter anderem die unbarmherzige Persephone, die er mit seiner Schwester Demeter zeugte, sowie Apollon, Artemis und Hermes, die aus der Liaison mit Leto beziehungsweise Maja hervorgingen.

APHRODITE (Venus): Bekannt geworden ist die Göttin der Liebe und der Schönheit als die »Schaumgeborene«, wie sie in Botticellis berühmtem Gemälde einer Muschel entsteigt. Die Darstellung ist ein Euphemismus. In Wirklichkeit war folgendes passiert: Uranos, der Himmel, hatte mit Gäa, Mutter Erde, unter anderem die Kyklopen gezeugt, die er wegen ihrer furchtbaren Gestalt und Stärke gefesselt und in die Unterwelt geschleudert hatte. Gäa war empört und trug ihrem jüngsten Sohn Kronos, dem Herrscher über die Zeit, auf, seinem Vater mit einem Messer das Glied abzutrennen. Der tat, wie ihm geheißen, und warf danach den Phallus ins Meer, wo sich ein weißlicher Schaum darum bildete, dem dann Aphrodite entstieg.

Bei Plato findet sie sich später als Göttin der himmlischen, reinen, unsinnlichen Liebe, was angesichts ihres Lebenswandels mehr als verwunderlich ist, denn vor ihren Verführungskünsten war kaum einer sicher. Bei Homer begegnet sie uns als Tochter des Zeus und der Dione. Ihr Sohn Äneas ist einer der tapfersten Helden auf trojanischer Seite.

ARTEMIS (Diana): Die Göttin der Jagd war extrem leicht reizbar und konnte ebenso unbarmherzig sein wie ihr Bruder Apollon. Während er mit seinen Pfeilen die Männer tötete, nahm sie sich die Frauen vor. Von ihr ist vor allem bekannt, daß sie, im Gegensatz zu Aphrodite, ihre Jungfräulichkeit aufs äußerste verteidigte. Dabei konnte sie schnell hysterisch werden, wie die Begegnung mit Aktäon eindrucksvoll belegt, von der Ovid in den *Metamorphosen* berichtet: Aktäon war ein junger Jäger und durchstreifte arglos mit seinen fünfzig ihm treu ergebenen Hunden den Wald, als er das Pech hatte,

Artemis zufällig nackt beim Baden in einer Grotte anzutreffen. An ihrem Anblick durfte er sich nicht lange erfreuen: Die eiserne Jungfrau verwandelte ihn auf der Stelle in einen Hirsch, was zur Folge hatte, daß der eben noch Jagende nun selbst von seinen Hunden gehetzt und schließlich zerfleischt wurde. In der *Ilias* zieht sich König Agamemnon ihren Zorn zu – mit ebenfalls weitreichenden Folgen.

ATHENE (Minerva): Zeus hatte Metis geschwängert, die Göttin der Einsicht. Anschließend verschlang er sie, weil ein Orakel besagte, daß der Sohn der Metis seinen Vater dereinst vom Thron stoßen werde. Daraufhin bekam er so gräßliche Kopfschmerzen, daß er Hephaistos bat, ihm den Schädel zu spalten. Der tat, wie ihm geheißen, und sofort wurde die Ursache der Kopfschmerzen offenbar: Dem geöffneten Schädel entstieg Athene, die Göttin der Weisheit, komplett mit Schild, Helm und Lanze.

Sie ist die eigentliche Regisseurin insbesondere der *Odyssee*. Odysseus erfreute sich ihrer besonderen Gunst; ohne ihre Unterstützung wäre er nicht weit gekommen. Natürlich war sie stets darauf bedacht, ihrem Vater das Gefühl zu geben, er sei derjenige, der die Entscheidungen fällt, in Wirklichkeit aber hielt sie die Fäden in der Hand.

Athene war nicht nur sehr einflußreich, sondern außerdem die klügste Bewohnerin des Olymp – wenn einer der anderen es wagte, sich mit ihr zu messen (siehe Ares in Achilleus' Comeback), trug er meist selbst den Schaden davon.

APOLLON: Bei dem vielseitigen Sohn des Zeus und der Leto kann man ohne Übertreibung von einer komplexen Persönlichkeit sprechen. Ihm wurden die unterschiedlichsten Attribute zugeschrieben: Er war der Gott des Gesangs und des Saitenspiels und trieb als solcher die Menschen dazu an, das Gute und Rechte zu tun, außerdem galt er als Gründer der Städte und Kolonien und gab den Staaten ihre Gesetze. Auch als Abwehrer des Übels und Gott der Weissagung war er bekannt. Doch neben seiner musischen Ader und seinen friedenstiftenden und sozialen Ambitionen hatte er auch eine unbarmherzige und zerstörerische Seite. So trat er als strafender und verderbender Gott auf, der jeglichen Übermut mit dem Tode ahndete.

In der *Ilias* begegnet er uns als Athenes Widersacher auf seiten der Trojaner und frustriert die Gegner seiner Günstlinge vorzugsweise, indem er ihre Opfer in letzter Sekunde in undruchdringlichen Nebel hüllt und heimlich aus der Schlacht trägt.

ARES (Mars): Der jähzornige Kriegsgott war der meistgehaßte Bewohner des Olymp. Keiner konnte ihn leiden – außer Aphrodite, die sich auf eine Affäre mit ihm einließ, was bei ihr allerdings nicht viel hieß. Wahrscheinlich hatte die schönste aller Göttinnen, die – ausgerechnet! – mit dem einzigen unansehnlichen Gott, nämlich Hephaistos, vermählt worden war, einfach den körperlichen Attributen Ares', den Homer als überheblichen Muskelmann mit wenig Verstand porträtiert, nicht widerstehen können.

Ares war es nur recht, daß niemand ihn leiden konnte; er wollte nicht gemocht, er wollte gefürchtet werden. Als zerstörender und leidbringender Gott hat er bei Homer nur ein Interesse: blutiges Gemetzel.

HADES (Pluto): Als die drei Brüder Zeus, Poseidon und Hades die Herrschaftsbereiche der Welt untereinander verlosten, fiel Hades die Unterwelt zu, ein finsteres Schattenreich verstorbener Seelen, in dem er und seine Gemahlin Proserpina mit eiserner Hand regierten. Dabei war er den Menschen im allgemeinen sehr gewogen, aber wer tot war, durfte nun mal (von wenigen Ausnahmen abgesehen) nicht mehr zu den Lebenden zurück.

Damit die Seelen der Toten alle Erinnerung an das irdische

Leben verloren, mußten sie aus dem Lethe trinken, einem der Flüsse des Erebos, der Unterwelt; Kerberos (Cerberus), ein dreiköpfiger Höllenhund, wachte darüber, daß keiner, der das Totenreich einmal betreten hatte, wieder herauskam. Gute Menschen durften sich Hoffnung machen, im Elysium Aufnahme zu finden, einem paradiesähnlichen Ort, der bei Homer in heiterem Sonnenlicht liegt; auf die Seelen der Bösen hingegen wartete der Tartaros, ein Ort finsterster Verdammnis. Unter anderen mußten dort Tantalos und Sisyphos ihre grausamen Strafen verbüßen.

HEPHAISTOS (Vulcanus): Gott des Feuers. Angesichts seiner Biographie und des pathologischen Verhältnisses insbesondere zu seiner Mutter Hera müßte jeder Psychologe von analytischem Ehrgeiz gepackt werden. Als einziger schwächlicher Gott von unschöner Gestalt war er seiner Mutter so verhaßt, daß sie ihn heimlich vom Olymp schubste. Das hätte sein Schicksal besiegelt, wenn die Meeresgöttin Thetis ihn nicht in ihrem Schoß aufgefangen und in einer Grotte versteckt hätte, wo er die nächsten neun Jahre zubrachte. Vermutlich aus Langeweile begann er, sich die Zeit mit Bastelarbeiten zu vertreiben. Dabei bewies er früh ein außergewöhnliches handwerkliches Geschick und beschenkte seine Retterin mit allerlei ausgefallenem Schmuck. Um sich später an seiner Mutter zu rächen, schmiedete er ihr einen Sessel, von dem niemand ohne seine Einwilligung wieder aufstehen konnte. Er hatte Hera beim Wort genommen: Die hatte nach einem Thron verlangt, von dem sie niemand herabstoßen konnte. Nach seiner Rückkehr auf den Olymp richtete er sich dort eine Werkstatt ein, in der er Arbeiten verfertigte, die ihresgleichen suchten. Eine von seiner Hand gefertigte Rüstung oder ein von ihm geschmiedetes Schwert zu besitzen war ein außerordentliches Privileg. Als begehrtester Waffenschmied der griechischen Sagenwelt hat er in der *Ilias* natürlich allerhand zu tun, wenngleich er

seine Waffen niemals selbst benutzte – dafür war er zu sanft-
mütig.

POSEIDON (Neptun): Zeus' älterer Bruder war der Gott des
Meeres, im weiteren Sinn der Gewässer überhaupt, also auch
der Flüsse und Quellen. Auf Abbildungen erkennt man ihn
für gewöhnlich an seinem Markenzeichen, dem Dreizack, mit
dem er das Wasser aufwühlt. Er jammerte viel, war schnell beleidigt, furchtbar aufbrausend und fühlte sich gerne unge-
recht behandelt. Mehr als alles andere aber neidete er seinem
kleinen Bruder die Vormachtstellung auf dem Olymp. Er
hätte alles dafür gegeben, einmal einen großen Coup zu lan-
den und den anderen Göttern zu zeigen, was er wirklich
draufhatte, aber was auch immer er in Angriff nahm, ging
ihm daneben.

Außerdem erwähnt werden sollte an dieser Stelle HERMES
(Mercurius): Der Götterbote war Zeus' Spezialagent für
komplizierte Aufgaben, eine Art olympischer James Bond.
Diese ausführende Funktion wird allerdings seiner Bedeutung
unter den Göttern nicht gerecht. Denn Hermes war außerge-
wöhnlich schlau, einfallsreich, listig und besaß dazu eine
gehörige Portion Kaltschnäuzigkeit. Außerdem hatte er eine
musische Ader und zahlreiche Liebschaften, vorzugsweise
mit den anmutigen Nymphen. Die Hermeneutik, die Lehre
des Verstehens, verdankt ihm ihren Namen. Bei Homer begegnet er uns oft als »der Argosbezwinger«. Dahinter verbirgt
sich folgende Geschichte: Zeus stellte der schönen Io nach,
einer Priesterin seiner Frau, die er schnell in eine Kuh verwandelte, um nicht von Hera beim Ehebruch ertappt zu werden.
Dummerweise nahm seine argwöhnische Frau die Kuh an sich
und gab sie Argos, dem »Alleseher«, in Obhut. Der war
nicht nur sehr stark, sondern von Kopf bis Fuß mit Augen bedeckt, weshalb er sich bestens als Wächter eignete. Ein klarer
Fall für Hermes, der von Zeus mit Ios Befreiung beauftragt

wurde. Er verkleidete sich als Hirte, suchte Argos auf und spielte so lieblich auf seiner Panflöte, daß Argos einschlief. Daraufhin schlug ihm Hermes den Kopf ab. Zum Andenken an den Getöteten setzte die betrübte Hera Argos' Augen in den Schweif ihres Lieblingsvogels – des Pfauen.

Am Anfang war der Apfel

Diesmal hatte es Zeus auf Thetis abgesehen, eine der fünfzig schwarzäugigen Nereiden, die der Meeresgott Nereus mit seiner Schwester Doris gezeugt hatte. Die Nereiden führten, nebenbei bemerkt, ein angenehmes Leben: Gemeinsam bewohnten sie einen prächtigen Palast auf dem Meeresgrund und gingen zum Zeitvertreib gerne mit Delphinen schwimmen. Sonst hatten sie nicht viel zu tun.

Zeus also begehrte die schöne Meeresgöttin, doch ein Orakelspruch besagte, daß ihr Sohn einst mächtiger werden würde als sein Vater, was sogar Zeus davon abhielt, sich mit ihr einzulassen. Um ganz sicherzugehen, daß ihm durch ihren Sohn keine Gefahr drohte, wurde Thetis mit einem Sterblichen vermählt: Peleus. Der mächtige Sohn, der aus dieser Verbindung hervorgehen sollte, war kein geringerer als Achilleus, der später den Trojanischen Krieg entschied.

Die Hochzeit von Thetis und Peleus war ein rauschendes Fest: Sämtliche Bewohner des Olymp waren anwesend, und es wurde ausgelassen gefeiert – bis Eris, eine Tochter der Nacht und Göttin der Zwietracht, einen Apfel unter die Gäste warf, der die Aufschrift »der Schönsten« trug. Hera, Athene und Aphrodite meldeten ihre Ansprüche an.

Zeus wollte die Entscheidung nicht treffen, er konnte nur verlieren: Wem immer er auch den Apfel zuerkannte – die beiden anderen würde er sich für ewig zu Feindinnen machen. Die Entscheidung wurde vertagt.

Eines Tages sah sich Paris, Sohn des trojanischen Königs

Priamos, unvermittelt mit den drei Göttinnen konfrontiert, als er gerade im Idagebirge unterwegs war; der geflügelte Hermes war ebenfalls dabei.

»Keine Angst«, sagte der Götterbote zu dem verschüchterten Paris. »Du sollst bestimmen, welcher der drei Göttinnen der Apfel für die Schönste zusteht.«

Hera, die Gemahlin des Zeus, sprach als erste: »Wenn du mir den Apfel gibst, mache ich dich zum Herrscher über das schönste Reich der Erde.«

Athene zog nach: »Ich biete dir höchsten Ruhm durch Weisheit und männliche Tugend.«

Schließlich sprach Aphrodite: »Ich werde dir die schönste Frau der Welt in die Arme führen.«

Da saß nun der arme Paris den drei nackten Göttinnen gegenüber und sah sich gezwungen, zwischen Macht, Weisheit und Lust entscheiden zu müssen. Was für eine Prüfung!

Mag sein, daß Paris' Geist willig gewesen ist, sein Fleisch jedenfalls war schwach, und so erkannte er schließlich Aphrodite den Sieg zu, der Göttin der Liebe.

Hätte er den Apfel doch bloß gedrittelt! So brachte er Hera und Athene gegen sich auf, die beschlossen, sich an ihm zu rächen. Der Untergang Trojas und des trojanischen Volkes einschließlich Paris' und seines Vaters Priamos erschien ihnen als angemessene Strafe. Und hier nimmt die Geschichte ihren Anfang.

Paris und Helena

Menelaos, König von Sparta, war mit seinem Schiff auf dem Weg nach Pylos zum weisen Fürsten Nestor. Pylos lag, ebenso wie Sparta, auf der griechischen Halbinsel Peleponnes. Um dorthin zu gelangen, mußte Menelaos den Lakonischen Golf durchfahren und entlang der Südküste in Richtung Westen segeln. Noch bevor er jedoch den Golf hinter sich gelassen hatte, ereignete sich etwas sehr Sonderbares: Eine Flotte

Anton Raphael Mengs »Das Urteil des Paris«
(um 1757)

trojanischer Schiffe tauchte plötzlich vor ihm auf; Dutzende von Schiffen, die bereits seit Tagen unterwegs gewesen sein mußten.

Menelaos war die Begegnung nicht geheuer: Wer, von Troja kommend, das gesamte Ägäische Meer durchfahren hatte und bis zur Südküste der Peleponnes gesegelt war, hatte nicht mehr viele Zielorte zur Auswahl.

Auch die Trojaner fragten sich, wer wohl an Bord des prächtigen griechischen Schiffes sein mochte, das ihnen entgegenkam. So segelten sie aneinander vorbei und sahen sich nach, ohne daß etwas geschah. Menelaos konnte nicht wissen, daß er gerade seinem späteren Schicksal und dem seines ganzen Landes begegnet war.

Die Gemahlin des blonden Menelaos war die schönste Frau der Welt: Helena. Während der Abwesenheit ihres Mannes saß sie in ihrem Palast in Sparta und langweilte sich. Bereits die Schönheit ihrer Mutter Leda hatte Zeus so betört, daß der

27

oberste der Götter sich extra in einen Schwan verwandelt hatte, um sie beim Baden überraschen zu können. Kurze Zeit später gebar sie zwei Eier, denen neben Helena die Brüder Kastor und Polydeukes entstiegen.

Der Anführer der trojanischen Flotte, die an Menelaos' Schiff vorbeisteuerte, war Paris (der mit dem Apfel). Er war unterwegs zur Insel Kythera, um in einem Aphrodite und Artemis geweihten Tempel Opfer darzubringen. Im Anschluß daran wollte er nach Sparta reisen, um für seinen Vater eine alte Rechnung zu begleichen: Als Priamos noch ein Kind war, hatte Herakles dessen Schwester Hesione nach Salamis verschleppt. Das lag zwar schon lange zurück, doch Priamos hatte es nie verwinden können. Paris wollte in Sparta bei Kastor und Polydeukes auf ihre Herausgabe drängen und Hesione notfalls mit Gewalt entführen.

Nachdem er in Kythera angelangt war und seine Opfer dargebracht hatte, stand plötzlich Helena vor ihm. Sie war eilig aus Sparta angereist, nachdem sie von der fremden Flotte gehört hatte, um selbst ein Opfer darzubringen. In Wirklichkeit natürlich hatte sie die weibliche Neugier getrieben.

Ihre Schönheit verschlug Paris die Sprache, und unwillkürlich mußte er an die Begegnung mit Aphrodite denken, die ihm einst die schönste Frau der Welt versprochen hatte. Eigentlich hatte Paris dabei eher eine Jungfrau im Sinn gehabt als eine verheiratete Frau und erst recht keine erwartet, die gerade erst Mutter geworden war. Helenas Schönheit aber erlaubte keinen Zweifel: Sie mußte es sein, von der Aphrodite gesprochen hatte. Helena selbst war von dem langhaarigen Jüngling aus Asien ebenfalls sehr eingenommen; sein exotischer Anblick faszinierte sie.

Zunächst jedoch blieb es bei schmachtenden Blicken. Helena reiste wieder ab und nahm an, das Zusammentreffen mit Paris würde ohne Konsequenzen bleiben. Paris aber hatte den folgenschweren Entschluß gefaßt, ohne sie nicht weiterleben zu können. Er folgte ihr nach Sparta und entführte sie kurzerhand – nicht ohne vorher Menelaos' Palast erstürmt und geplündert zu haben. Seine Tante Hesione, die er eigentlich hatte zurückbringen sollen, war in dem ganzen Liebestaumel in Vergessenheit geraten. Paris hielt es nicht einmal für nötig, nach Troja zurückzukehren: Auf der Insel Kranä vermählten sich die Frischverliebten und nisteten sich gleich für ein paar Jahre dort ein.

Als Menelaos von der Entführung seiner Frau erfuhr, wandte er sich sofort an seinen älteren Bruder Agamemnon und bat ihn um Hilfe. Agamemnon war König von Mykene und somit der mächtigste Mann im Reich; die Regionen Griechenlands, die nicht dem direkten Befehl der beiden Brüder unterstanden, waren – mehr oder weniger freiwillig – mit ihnen verbündet. Seine Frau Klytemnästra war eine Tochter Ledas, Helena also ihre Halbschwester.

Der Raub Helenas konnte, da waren Menelaos und Agamemnon sich einig, nicht ungestraft bleiben; gemeinsam rüsteten sie sich daher für einen Krieg gegen Troja und riefen die Fürsten Griechenlands (die Liste ihrer Namen würde diese Seite füllen) mit deren Schiffen in der Bucht von Aulis zusammen, einem kleinen Ort auf der Insel Euböa südlich von Chalkis.

Helenas rachsüchtige Brüder Kastor und Polydeukes indes verfolgten Paris auf eigene Faust. Ihr Schiff kenterte jedoch bei Lesbos während eines Sturms, bevor sie Troja erreichen konnten. Trotzdem wurde ihnen ein versöhnliches Schicksal zuteil: Zeus, der den Anblick der Ertrinkenden nicht ertragen konnte, entriß seine Söhne den Wellen und machte sie zu Sternbildern am Himmel, wo sie bis heute ihre schützenden Hände über die Seefahrer halten.

In Aulis beschloß man, es erst einmal auf diplomatischem Weg zu versuchen, und schickte eine Gesandtschaft nach Troja. Hierzu wurden der schlaue Palamedes, Odysseus und Menelaos ausgewählt.

Als die drei bei König Priamos eintrafen, war dieser einigermaßen überrascht zu hören, daß sein verschollener Sohn Menelaos' Frau entführt haben sollte. Er versuchte das Beste aus der unglücklichen Situation zu machen und versprach, Helena auszuliefern, sobald Paris zurückkäme – vorausgesetzt, seine Schwester Hesione würde dafür nach Troja gebracht.

»Die Erfüllung unserer Forderung läßt sich von keiner Bedingung abhängig machen«, entgegnete der sonst so besonnene Palamedes, und das bedeutete Krieg.

In Aulis

Während sich die griechischen Fürsten mit ihren Schiffen in der Bucht von Aulis einfanden, ereignete sich ein Zwischenfall, der einen unheilvollen Schatten auf die bevorstehende Belagerung Trojas warf: Während einer Opferung kroch plötzlich ein gräßlicher Drache unter einem Altar hervor und schlängelte sich vor den entsetzten Augen der Anwesenden einen Ahornbaum hinauf, wo er acht Sperlingsjunge samt ihrer Mutter verschlang. Der Seher Kalchas hatte sofort die Deutung parat: Die neun getöteten Sperlinge bedeuteten neun Jahre Kampf um Troja, bevor die Stadt besiegt werden könne.

Es gab einige Dinge, die man damals, vor mehr als dreitausend Jahren, tunlichst vermied. Daß Frauenraub – auch wenn sich, wie in Helenas Fall, die Dame damit einverstanden erklärte – tabu war, ist bereits deutlich geworden. Mindestens ebenso ungehörig aber war es, die Götter zu reizen. Das war einfacher gesagt als getan, denn die Unsterblichen waren schnell beleidigt und sehr eitel. So ist es nicht verwunderlich, daß auch Agamemnon eine Göttin gegen sich aufbrachte: Artemis, die Göttin der Jagd, deren Zorn besonders leicht zu erregen war.

Er hatte sich die Wartezeit in Aulis mit Jagen vertrieben

und dabei leichtsinnig eine Hirschkuh erlegt, das der Göttin geweihte Tier. Als später die griechische Flotte endlich vollständig versammelt war und der Feldzug gegen Troja beginnen sollte, machte eine rätselhafte Windstille die Ausfahrt unmöglich. Der Seher Kalchas wußte Rat: Nicht eher würde Artemis die Flotte auslaufen lassen, bis Agamemnon ihr seine Tochter Iphigenie geopfert hätte.

Der Fürst war außer sich: Niemand hatte ihm Vorschriften zu machen! Daß er seine geliebte Tochter für eine aus der Laune geschossene Hirschkuh opfern sollte, sah er überhaupt nicht ein. Um seine Finger nicht mit dem Blut seines Kindes besudeln zu müssen, wollte er den Oberbefehl über das Heer niederlegen, doch Menelaos, der um jeden Preis seine Demütigung rächen wollte, konnte ihn davon überzeugen, daß sie keine Wahl hätten und Artemis' Forderung erfüllt werden müsse.

Unter dem Vorwand, Iphigenie mit Achilleus, dem tapfersten und schönsten Krieger Griechenlands, zu vermählen, ließ man Agamemnons Frau Klytämnestra mit ihrer Tochter anreisen. Durch einen Zufall jedoch erfuhr Klytämnestra, daß Iphigenie nicht verheiratet, sondern getötet werden sollte. Sie konnte nicht glauben, daß ihr Mann seine Tochter zu opfern bereit war, nur um die untreue Frau seines Bruders zurückholen zu können, und stellte ihn zur Rede. Agamemnon war die Angelegenheit zwar in höchstem Maße unangenehm, trotzdem blieb er standhaft.

Es wäre zu einem Aufruhr zwischen Achilleus, der Iphigenie retten wollte, und dem übrigen Lager gekommen, wenn Iphigenie nicht märtyrerhafte Größe bewiesen und ihr Schicksal freiwillig angenommen hätte. Ihr Opfertod, so philosophierte sie, werde sie zur Befreierin Griechenlands machen, ruhmreich werde man sie in Erinnerung behalten als Verteidigerin der Ehre aller griechischen Frauen. (Bei soviel Pathos verwundert es nicht, daß ihr Schicksal zu einem beliebten Dramenstoff geworden ist.)

Doch ganz gegen ihre Art zeigte Artemis selbst sich mitleidig. Im Moment der Opferung tauschte sie Iphigenie gegen eine Hirschkuh aus und entführte Agamemnons Tochter durch die Lüfte nach Tauris, wo sie sie zu einer Priesterin in ihrem Tempel machte. Klytämnestra aber konnte ihrem Mann nicht verzeihen: In Wut und Trauer fuhr sie zurück nach Mykene, ohne sich von ihm zu verabschieden. Erst zehn Jahre später sollte Agamemnon sie wiedersehen – und eine böse Überraschung erleben.

Um nicht den Eindruck zu erwecken, daß ganz Griechenland zu dieser Zeit von triebhaften Kämpfern und lieblosen Ehebrecherinnen besiedelt war, sollten an dieser Stelle Laodamia und Protesilaos erwähnt werden. Sie waren frisch verheiratet und liebten sich über alles, als Protesilaos, Sohn des Iphiklos, in den Krieg gegen Troja ziehen mußte, während Laodamia »mit zerfleischten Wangen« in Phylake zurückblieb. Der junge Ehemann war der erste griechische Held, der bei der Landung von Bord ging, und der erste, der in der Schlacht umkam. Als Laodamia davon erfuhr, flehte sie zu den Göttern, ihren Gatten noch einmal sehen zu dürfen. Die Bitte wurde ihr gewährt. Kurz darauf beging sie Selbstmord, um für immer mit ihm vereint sein zu können.

Achilleus

Es wird Zeit, ein paar Worte über Achilleus zu verlieren, den wagemutigsten der griechischen Kämpfer und größten Helden der *Ilias*. Als Kind tauchte seine Mutter Thetis ihn in den Styx, den Höllenfluß, um ihn unverwundbar zu machen. Dabei hielt sie ihn an den Fersen fest, die verletzbar blieben.

Als Achilleus neun Jahre alt war, sagte der Seher Kalchas voraus, daß Troja ohne ihn nicht erobert werden könne. Da Thetis sicher war, daß ihr Sohn diese Schlacht nicht überleben würde, versteckte sie ihn auf der Insel Skyros, wo König

Lykomedes ihn in Mädchenkleidern unter seinen Töchtern aufwachsen ließ. Der listige Odysseus aber, der später mit seiner Suche beauftragt wurde, entlarvte ihn: Er ließ einen Speer und einen Schild in den Frauensaal bringen, und während alle anderen davor zurückschreckten, konnte Achilleus es sich nicht verkneifen, danach zu greifen. In seiner Brust scheint immer schon ein Kämpferherz geschlagen zu haben – vielleicht war er Odysseus sogar dankbar für die Demaskierung – , jedenfalls erbot er sich sofort, gemeinsam mit seinem Busenfreund Patroklos fünfzig Schiffe zur griechischen Flotte beizusteuern.

Die Griechen richteten sich von Beginn an auf eine lange Belagerung ein: Sie zogen ihre Schiffe – insgesamt über tausend mit jeweils um die fünfzig Mann Besatzung – an Land und lagerten sie auf Hölzern. Die Bucht, in der sie gelandet waren, war von Hügeln eingegrenzt; die dahinter liegende Ebene wurde von den Armen des Skamanderflusses durchzogen und trennte sie von dem etwas weiter entfernt liegenden Troja. Um das Lager herum hob man einen Graben aus, der die Gegner dazu zwingen sollte, sich von ihren Streitwagen zu trennen; eine Speerwurfweite dahinter wurde auf einem Steinfundament ein Holzwall mit einem Haupt- und einem Nebentor errichtet, der zusätzlich durch Türme gesichert wurde.

In den ersten neun Jahren der Belagerung plünderten Achilleus und der riesige Telamonier Ajax so ziemlich das gesamte Umland Trojas, so daß Priamos zum Schluß einigermaßen isoliert dastand. Um in die *Ilias* eintauchen zu können, muß man vor allem drei Hintergrundinformationen haben:

In Mysien, einem Landstrich im nordwestlichen Kleinasien auf der Höhe von Lesbos, entführte Achilleus die schöne Chryseis, Tochter des Priesters Chryses, die Agamemnon nach Achilleus' Rückkehr als Gespielin erhielt. In Lyrnessos machte Achilleus das gleiche mit Briseis, der Tochter des Priesters Brises, mit dem Unterschied, daß er Briseis für sich behielt. Den »großen« Ajax (es gab auch einen »kleinen«), Sohn Telamons, des Königs von Salamis, erwartete auf der thrakischen Halbinsel eine freudige Überraschung: Priamos hatte dem dortigen König Polymnestor seinen liebsten und jüngsten Sohn Polydoros anvertraut, um ihn vom Kampfgeschehen fernzuhalten. Mit ihm als Unterpfand, so hofften die Griechen, würde man Helenas Herausgabe beschleunigen können.

Wieder wurden Unterhändler nach Troja geschickt; diesmal waren es Menelaos, Odysseus und der unermüdliche Kämpfer Diomedes. Sie schlugen Priamos vor, Helena gegen Polydoros auszutauschen.

Priamos beriet sich mit seinen Söhnen. Hektor, der mutigste von ihnen und Oberbefehlshaber des trojanischen Heeres, meinte, daß man Helena nicht einfach wieder ausliefern könne, da man sich einmal dazu entschlossen hatte, sie aufzunehmen und ihre Verbindung mit Paris zu tolerieren. Er schlug vor, Menelaos statt dessen mit einer Tochter Priamos' und einer üppigen Mitgift zu vertrösten.

Als Menelaos das hörte, traute er seinen Ohren nicht. Man hatte ihm die schönste Frau der Welt entführt, und nun sollte er sich vom Feind mit einer Ersatzfrau und einer Mitgift abspeisen lassen? An Stelle einer Antwort führte man den armen Polydoros an die Mauern Trojas und steinigte ihn.

Und hier beginnt die *Ilias*.

II. DIE ILIAS

Götterschach

Der Kampf um Troja hatte die göttliche Familie in zwei Lager gespalten, und einige der Olympier wirkten tatkräftig an seiner Inszenierung mit. Nach der Sache mit Paris und dem Apfel unterstützten Hera und Athene natürlich die Griechen. Ihnen zur Seite standen Hermes und Poseidon, der für die Aussicht, seinem kleinen Bruder einmal eins auswischen zu können, jede Allianz eingegangen wäre. Artemis und ihr Zwillingsbruder Apollon hingegen standen auf seiten der Trojaner. Spätestens nachdem Agamemnon Artemis' Hirschkuh erlegt und einen Altar Apollons entweiht hatte, war klar: Sie würden den Griechen Steine in den Weg legen, wo es nur ging. Gemeinsam mit Aphrodite, die von Paris zur schönsten Göttin gekürt worden war, sowie Ares, dem Kriegsgott, bildeten sie die Troja-Fraktion. Was Ares anbelangt, so erfreute er sich derart *am lauten Toben der Schlacht und am wilden Männermord*, daß er sich später persönlich unter die trojanischen Kämpfer mischte.

Neun Jahre dauerte die Belagerung Trojas bereits an – ganz wie Kalchas es vorhergesagt hatte –, als eine entscheidende Wende eintrat: Der Priester Chryses, dem Achilleus die Tochter geraubt und anschließend Agamemnon überlassen hatte, kam ins Lager der Griechen, um ihre Rückgabe zu erbitten; dafür werde den Belagerern im Kampf um Troja auch der Beistand Apollons gewiß sein.

Seine Rede fand allgemeine Zustimmung, nur Agamemnon stellte sich quer. Wie ein kleiner Junge, der sich sein liebstes Spielzeug nicht wegnehmen lassen will, verweigerte er ihre Herausgabe, beschimpfte den alten Chryses und verjagte ihn, nicht ohne ihm vorher noch zu sagen, daß er auf Apollons Beistand pfeife. Und schon wieder hatte er den Zorn eines Gottes erregt. Prompt nahm Apollon Bogen und Köcher, stieg vom Olymp herab und schoß seine unsichtbaren Pfeile ins griechische Lager. Wer von ihnen getroffen wurde, starb an der Pest. Erneut wurde Kalchas befragt, Agamemnon konnte ihn schon nicht mehr sehen. Der Wahrsager hatte einen Wink der Götter erhalten und war zu folgendem Schluß gekommen: Um Apollon zu besänftigen, müsse man Chryses seine Tochter zurückbringen. Schließlich hatte Agamemnon ein Einsehen und beugte sich. Als Wiedergutmachung jedoch verlangte er Briseis, die Achilleus nach ihrer Entführung für sich behalten hatte. Und wenn der sie nicht freiwillig herausrücke, so Agamemnon, dann würde er sie sich mit Gewalt holen.

Achilleus, der zur Ironie fähig war, begann seine Widerrede mit folgenden Worten: *Ruhmvoller Atreussohn, in Habgier unübertroffen!*, und beschimpfte Agamemnon als *hündischen Frechling, Trunkenbold* und nannte ihn *blind im Geiste.* Sicherlich hätte er das Schwert gegen den mykenischen Herrscher gezogen, wenn Athene nicht ungesehen herbeigeeilt wäre und ihm heimlich ins Ohr geflüstert hätte, er möge es in der Scheide lassen.

Wem Athene einen Rat gab, der befolgte ihn besser. Widerwillig nahm Achilleus daher die Demütigung hin und gab Briseis heraus, schwor aber, nie wieder für Agamemnon in die Schlacht zu ziehen. So mußten die Griechen durch den Hochmut ihres obersten Fürsten auf ihren tapfersten Kämpfer verzichten.

Achilleus fühlte sich derart gekränkt, daß er seine Mutter Thetis um Beistand anflehte, die daraufhin bei Zeus vorsprach und ihn bat, die Trojaner so lange *mit siegender Kraft* auszustatten, bis die Griechen die von ihrem Sohn erlittene Schmach gesühnt hätten. Zeus wußte, ein solches Zugeständnis würde einen weiteren Ehekrach mit Hera zur Folge haben,

*Giovanni Battista Tiepolo »Eyribates und Talthybios
führen Agamemnon Briseiis, die Konkubine des Achilleus, zu« (Detail)
(1757)*

aber von den Waffen einer Frau ließ sich Zeus nur allzu leicht
besiegen. Thetis umschlang einfach seine Knie und flehte ihn
so lange an, bis er einwilligte. Als Hera von dem Versprechen
ihres Mannes erfuhr, brach sie erwartungsgemäß einen Streit
vom Zaun. Doch Zeus war der ewigen Zankerei müde und
sprach ein Machtwort:

> *Sitze doch ruhig und schweig, beherzige meine Gebote!*
> *Kaum wohl schützte dich sonst der Unsterblichen Schar im
> Olympos,*
> *Trät' ich herzu und legte an dich die unnahbaren Hände!*

Diese Drohung brachte sogar Hera zum Schweigen, und
ihr Sohn Hephaistos riet ihr, die Füße still zu halten, sonst
könne auch er ihr nicht beistehen. Schon einmal hatte
Hephaistos versucht, seine Mutter vor Zeus' Jähzorn zu

39

schützen. Der hatte ihn daraufhin an der Ferse gefaßt und vom Olymp geschleudert, was uns der Betroffene eindrücklich schildert: *Und ich flog einen ganzen Tag; mit der sinkenden Sonne fiel ich in Lemnos hinab und atmete kaum noch Leben.*

Menelaos gegen Paris

Zeus verbrachte eine schlaflose Nacht mit der Überlegung, wie er das Versprechen, das er Thetis gegeben hatte, halten könne, und ließ dem schlafenden Agamemnon im Traum den weisen Nestor erscheinen, der ihm verkündete, er könne sich des Beistandes der Götter gewiß sein, jetzt wäre der richtige Zeitpunkt, Troja endlich einzunehmen. Agamemnon berief sofort einen Rat ein und berichtete diesem davon. Nestor war der Ansicht, man solle sofort zur Schlacht rüsten; mehr Zuspruch benötigte der Herrscher nicht.

Um die Treue der Griechen zu prüfen, stellte Agamemnon sich vor die versammelten Krieger und setzte die Verbündeten davon in Kenntnis, daß Zeus befohlen habe, den Kampf ruhmlos zu beenden und ohne Helena zurückzukehren, die vielen griechischen Gefallenen der neunjährigen Belagerung hätten umsonst ihr Leben lassen müssen, das sei's dann wohl gewesen. Das ließen sich die Versammelten nicht zweimal sagen und stürmten zu ihren Schiffen – zu Hause warteten schließlich Frauen und Kinder, die man seit Jahren nicht gesehen hatte, und alles nur wegen der Frau von Menelaos.

Hunderte von Schiffen hätten ihre Heimreisen angetreten, wenn nicht Athene einmal mehr in das Geschehen eingegriffen hätte. Hera hatte sie vom Olymp herabgeschickt, damit sie die Ausfahrt der Flotte verhindere. Als sie auf den gramgebeugten Odysseus traf, der reglos an seinem Schiff stand, gab sie ihm den Auftrag, die anderen zum Bleiben zu ermutigen. Beflügelt von neuer Hoffnung, lief Odysseus unverzüglich von Schiff zu Schiff, um die Verbündeten zur Umkehr zu bewegen. Überflüssig zu erwähnen, daß ihm das gelang; wer von Athene unterstützt wurde, dem gelang so ziemlich alles.

Die griechischen Fürsten also fanden sich alle wieder ein und warteten darauf, was als nächstes passieren würde. Diese Gelegenheit ließ sich Theresites nicht entgehen und *erhob sein zügelloses Geschrei.*

Theresites war ein Sohn des Agrius aus Ätolien. Über ihn etwas Positives zu sagen scheint unmöglich zu sein. Er war der *häßlichste und bösartigste unter allen Griechen.* Homer beschreibt ihn so: *Säbelbeinig und hinkend auf einem Fuße, die Schultern höckrig, gegen die Brust zusammengebogen; darüber spitzte sich zu sein Kopf, besät mit spärlicher Wolle.* Kein schöner Anblick also.

Mit Vorliebe beleidigte dieser unschöne Mensch Achilleus und Odysseus, gegen die er sich wie Ungeziefer vorkommen mußte, jetzt aber rechnete er mit Agamemnon ab: Er warf ihm maßlose Gier vor, deretwegen er das griechische Volk mißbrauche. Odysseus mochte sich das nicht lange anhören, nachdem er gerade alle wieder zusammengebracht hatte. Er schlug Theresites kurzerhand mit Agamemnons Zepter die Schultern und den Rücken blutig und versprach ihm, ihn nackt zu seinem Schiff zu prügeln, wenn er sich noch einmal so gebärde. Die Umsitzenden amüsierte das Schauspiel königlich. Man war sich einig: Odysseus habe ja schon viele große Taten vollbracht, *jetzt aber tat er das Meisterstück vor allen.*

Odysseus wandte sich an die Versammelten und rief ihnen die Prophezeiung des Sehers Kalchas in Erinnerung, daß Troja erst nach neun Jahren Kampf besiegt werden würde. Nun, die neun Jahre seien vorbei, jetzt gelte es, die entscheidende Schlacht zu schlagen. Die Rede entflammte die Herzen der Zuhörerschaft, und schnell war vergessen, daß man eben noch hatte nach Hause fahren wollen. Die Schiffe wurden zusammengezogen, und selbst Achilleus kam mit seinen fünfzig Schiffen herbei, hielt sich jedoch im Hintergrund, schließlich

Johann Heinrich Füssli
»Aphrodite führt Paris zum Duell mit Menelaus«
(1766–1770)

hatte er geschworen, Agamemnon im Kampfe nicht mehr beizustehen.

Zur gleichen Zeit schickte Zeus die schnelle Götterbotin
Iris nach Troja, um Priamos von der bevorstehenden Schlacht
zu unterrichten. Sie gebot dem an der Spitze von Priamos'
Heer stehenden Hektor, unverzüglich alle in der Burg befindlichen Verbündeten auf den Kampf vorzubereiten. Und so
kam es im Morgengrauen zur Begegnung der beiden Heere:

Aber nachdem sich ein jegliches Volk mit den Führern
*   geordnet,*
Zogen die Troer mit Lärm und Geschrei heran wie die
*   Vögel: ...*
Schweigend kamen jedoch die mutbeseelten Achaier,
Alle im Herzen gefaßt, zu verteidigen einer den anderen.

Paris hatte sich bis zu den Zähnen bewaffnet und stürmte voran, als wolle er die Griechen im Alleingang bezwingen. Außer seinem Bogen trug er noch ein Schwert und zwei Lanzen. Sein Mut verließ ihn allerdings schlagartig, als er seinen Widersacher Menelaos vom Wagen springen sah, dem die Entschlossenheit ins Gesicht geschrieben stand. Schnell floh er in die Reihen des Heeres zurück, in der Hoffnung, unentdeckt zu bleiben. Als Hektor das sah, hatte er nur Spott für seinen kleinen Bruder übrig: *Unglücksparis, du Held von Gestalt und Mädchenverführer! Wärest du nie geboren und unvermählt doch gestorben!* Helena habe er mit seinem Zitherspiel wohl verführen können, jetzt aber, da es gelte, seine Mannesehre zu verteidigen, da verlasse ihn sein Hochmut.

Paris zeigte sich reuig und sagte zu seinem Bruder:

... so du mich fordern willst zum Kampf und zur Fehde,
Heiße die anderen sitzen, die Troer und alle Archaier,
Daß Menelaos, der streitbare Held, und i c h in der Mitte
Gegeneinander um Helena kämpfen und sämtliche Schätze.
Wer von beiden dann stärker sich zeigt und Sieger geblieben,
Nehme die Schätze gesamt und das Weib und führe sie
*   heimwärts. ...*
Also sprach er, und Hektor hörte mit Freude die Rede,
Trat in die Mitte und drängte zurück die Scharen der Troer,
Hielt in der Mitte den Speer, und alle ließen sich nieder.

Selbst Hollywood hätte den Zweikampf der beiden Kontrahenten kaum dramatischer inszenieren können: In gespannter Erwartung standen sich die beiden Heere unmittelbar gegenüber, während Hektor und Odysseus in der Mitte den Ring absteckten. Das Los entschied, daß Paris als erster seine Lanze schleudern dürfe.

Er traf Menelaos' Schild, doch die Wucht seines Speeres reichte nicht aus, um ihn zu durchdringen. Menelaos' Speer hingegen durchdrang Paris Schild und sogar seinen Harnisch und den Leibrock, doch Paris zog den Bauch ein und blieb ebenfalls unverletzt. Im anschließenden Kampf Mann gegen Mann bestätigte sich Menelaos' Überlegenheit, und als er Paris am Boden hatte, schleifte er ihn am Helm zu den Griechen. Das Band des Helmes hätte Paris die Kehle zugeschnürt, die beiden Kriegsparteien hätten Frieden schließen und Menelaos mit Helena heimkehren können, wenn nicht wieder göttliche Einmischung das Ende des Krieges herausgezögert hätte: Aphrodite löste das Band, und als Menelaos plötzlich mit dem leeren Helm in der Hand dastand und sich umdrehte, um seinen Widersacher mit dem Speer zu töten, hüllte die Göttin ihren Günstling in einen undurchdringlichen Nebel und brachte ihn in sein Haus.

Die wankelmütige Helena empfing ihren Mann wenig freundlich: *Kommst du vom Kampfe zurück? O wärest du lieber gefallen, niedergestreckt von dem Helden, der früher mein Gatte gewesen!*

Solche Worte mochte Paris gar nicht hören. Nachdem er soeben im Kampf gedemütigt worden war, wollte er sich wenigstens in den eigenen vier Wänden wie ein Held fühlen dürfen und hatte nur eins im Sinn:

*Weib, laß ab, mir das Herz mit schmähenden Worten zu
    kränken. …*
*Komm, wir wollen uns wieder versöhnen, in Liebe gelagert.
Denn noch nie hat also die Lust mir die Sinne verdunkelt, …
Wie ich jetzt dich begehre, von süßem Verlangen getrieben.*

Auch eine Idee, dachte sich Helena und folgte ihm auf das Lager.

Menelaos durchstreifte unterdessen *wie ein wildes Tier* die Menge auf der Suche nach dem verschwundenen Paris, doch nicht einmal die Trojaner konnten ihm sagen, wo er war. Dabei hätten sie nichts dagegen gehabt, ihn herauszugeben, schließlich war er schuld an der ganzen Misere.

Hera und Zeus

Die Götter saßen beisammen und berieten, was als nächstes zu tun sei. Zeus, dem die Stadt Troja immer sehr am Herzen gelegen hatte, schlug vor, Menelaos seine Frau zurückzugeben und den Krieg friedlich zu beenden, schließlich habe er den Kampf mit Paris offensichtlich für sich entschieden. Doch Athene und die zänkische Hera grollten, und während Athene ihren Zorn noch zügeln konnte, brach es aus Hera hervor: *Willst du, daß ganz umsonst ich wirkte, daß ich erfolglos Schweiß und Mühe vergoß, und die Rosse umsonst mir erlahmten, als ich die Völker berief, zu Priamos' Fluch und der Söhne?*

Zeus war müde. Eigentlich war er immer müde. Die endlosen Streitereien mit Hera raubten ihm den letzten Nerv. Er gab auf. Sollte sie ihren Willen haben – diesmal:

Tue, was dir gefällt; nur daß der Hader uns beiden,
Dir und mir nicht künftig zu größerem Zwist noch erwachse.
Eines verkünd' ich dir noch, und du bewahr' es im Herzen:
Sollt' es ferner einmal auch mich im Eifer gelüsten,
Jene Stadt zu zertrümmern, wo deine Günstlinge hausen,
Laß mich dann und wage mich nicht im Zorne zu stören!

Und er schickte Athene ins Getümmel, um die Trojaner zum Wortbruch zu verleiten.

In Gestalt des Kriegers Laodokos mischte sie sich unter die Trojaner und überredete den Bogenschützen Pandaros dazu, aus der Deckung heraus auf Menelaos zu schießen, lenkte dann aber selbst den Pfeil so, daß er Menelaos nur verwundete.

Diese Provokation konnte nicht unbeantwortet bleiben, und während Machaon, ein berühmter Arzt und Wunderheiler, Menelaos' Wunde mit heilenden Kräutern versorgte, führte Agamemnon die Griechen in die Schlacht.

Den ganzen Tag über tobte der Kampf. Das Gedränge war so dicht, daß man seinen Speer nur blindlings in die gegnerischen Reihen schleudern mußte, um einen feindlichen Krieger zu treffen. Die Trojaner mit Hektor an ihrer Spitze mußten schließlich zurückweichen, doch einen entscheidenden Vorteil konnten die Griechen nicht erringen. Die Bilanz am Ende des Tages war für beide Seiten gleichermaßen ernüchternd: *Denn es sanken gar viele Achaier und Troer kopfüber jenes Tages und lagen im Staub nebeneinander.*

Diomedes

Neben Achilleus gab es bei den Griechen zahlreiche weitere Kriegshelden. Einer von ihnen war Diomedes aus Argos, einer Stadt auf der Peloponnes. Er hatte ruhmreiche Vorfahren: Sein Großvater Adrastos hatte sein Volk so väterlich regiert, daß man ihn göttlich verehrte; außerdem hatte er das schnellste Pferd der griechischen Sagenwelt besessen. Er war der Führer der Sieben Helden gegen Theben gewesen, von denen einer sein Schwiegersohn Tydeus war, der Vater von Diomedes.

Seinen Erfolg als Kämpfer hatte Diomedes vor allem Athene zu verdanken, die ihn mit so viel Mut und Tatkraft ausstattete, daß aus seinem Helm und Schild Flammen emporschlugen. So gestärkt, wurde er selbst mit den kampferprobten Brüdern Phegeus und Idaios spielend fertig. Als die dem zu Fuß Gehenden auf ihren Streitwagen entgegenflogen, jagte er Phegeus einfach seinen Speer durch die Brust, und Idaios ließ sich bereits von Diomedes' Anblick in die Flucht schlagen.

Homer geizt bei seinen ausgedehnten Schlachtbeschreibungen nicht mit blutigen Details. Durch Diomedes' Kampfeslust angestachelt, nutzten die Griechen ihre momentane Überlegenheit brutal aus. Als erster tötete Agamemnon den Odios: *Da flog ihm der Speer in den Rücken zwischen den Schultern hinein, daß er vorn aus der Brust ihm hervordrang.* Dann durften sich auch weniger berühmte Griechen Ehre erwerben: Den Zimmermann Phereklos, der Paris seine *schwebenden Schiffe gezimmert*, traf *rechts hindurch ins Gesäß Meriones, daß ihm die Spitze, vorn an der Blase durchbohrend, am Schambein wieder hervordrang.* Dem Meges, der einst zu den Freiern Helenas gezählt hatte, warf Pedaios seine Lanze in den Nacken: *Zwischen den Zähnen zerschnitt ihm das Erz von unten die Zunge, nieder sank er und hielt noch das kalte Erz mit den Zähnen.* In dieser Brutalität geht es fort.

Diomedes metzelte sich unterdessen durch die trojanischen Reihen, bis ihn Pandaros entdeckte, der schon Menelaos verwundet hatte, und ihm mit einem Pfeil die rechte Schulter durchbohrte. In der Hoffnung, daß sich das Blatt nun zugunsten der Trojaner wenden würde, spornte Pandaros die Seinen an, mit neuem Mut zu kämpfen, doch Diomedes' Verwundung war nicht tödlich. Er ließ sich den Pfeil aus der Wunde ziehen, und Athene flößte ihm neue Kraft ein. Bevor sie ihn wieder in die Schlacht schickte, gab sie ihm noch eine Mahnung mit auf den Weg: Er dürfe es im Kampf mit jedem Gegner aufnehmen, nur vor Göttern müsse er sich hüten – abgesehen von Aphrodite, bei der könne er eine Ausnahme machen.

Diomedes richtete daraufhin ein noch größeres Blutbad an als vorher. Als Pandaros den Totgeglaubten so schnell im Kampf zurück sah, wußte er sofort, daß göttliche Hand im Spiel sein mußte. Er stieg zu Aphrodites' Sohn Äneas auf den Wagen, um mit diesem gemeinsam Diomedes zu bezwingen. Doch an diesem Tag war Diomedes übermächtig: Sein Speer tötete Pandaros, und Äneas kam nur deshalb mit einer Verletzung davon, weil Aphrodite ihn mit einem Strahlengewand schützte und heimlich aus dem Gefecht trug. Diomedes war nicht zu bremsen, verfolgte sogar die Göttin und verletzte sie an der Hand, so daß sie ihren Sohn nicht mehr halten konnte und auf den Olymp floh. Zu Äneas' Glück war Apollon zur Stelle, der ihn in einer bläulichen Wolke barg.

In seinem blinden Eifer verstieß Diomedes gegen Athenes Gebot und rannte selbst gegen Apollon an, der sich das dreimal gefallen ließ, beim vierten Mal aber donnerte:

Hüte dich, Tydeus' Sohn, und weiche mir! Wage mitnichten,
Gleich dich den Göttern zu dünken; denn nie sind gleichen
  Geschlechtes
Selige Götter und Menschen, die wandeln über die Erde!

Da wurde auch Diomedes mulmig zumute, und er begriff, daß er zu weit gegangen war. Sich mit den Göttern zu messen war eine Ungeheuerlichkeit, vergleichbar mit Hochverrat. Eilig machte er sich davon. Er konnte sich glücklich schätzen, daß Apollon ihn laufenließ; andere hatten schon aus weit nichtigeren Gründen ihr Leben lassen müssen.

Apollon indessen brachte Äneas in einen Tempel und unterzog ihn einem Schnellheilungsverfahren. Was Athene recht war, konnte ihm nur billig sein.

Die Schlacht tobte weiter. Die Griechen, mit Ajax, Odysseus und Diomedes an ihrer Spitze, konnten sich einen Vorteil erkämpfen, doch das Blatt wendete sich, als die Trojaner göttliche Unterstützung erhielten: *Ares, mit Macht in den Händen die riesige Lanze bewegend, wandelte bald vor Hektor einher, bald hinter dem Helden.* Diomedes wollte sein Glück nicht überstrapazieren. Ares war eine Nummer zu groß für ihn. Er erinnerte sich an Athenes Mahnung und riet den Griechen zum Rückzug.

Familienstreitigkeiten

Hera, die *nach Streit und lautem Getümmel* lechzte, war durch Ares' Auftritt alarmiert. Gemeinsam mit Athene bestieg sie ihren goldenen Wagen, der an Pomp nichts zu wünschen übrigließ, und eilte zu Zeus, um ihm den Fall vorzutragen. Auf dem Olymp angekommen, stieg Athene als erste in ihre Rüstung; sie war ganz versessen darauf, Ares eine Lektion zu erteilen. Dem blutrünstigen Grobian war es einerlei, gegen wen er kämpfte, solange es nur hoch herging. Vorsichtshalber fragte sie bei Zeus an, ob es ihm etwas ausmache, wenn sie *den Ares träfe mit schmählichem Schlag und aus dem Getümmel verscheuchte.* Zeus konnte Athene selten etwas abschlagen, aber diesmal fiel ihm sein Einverständnis besonders leicht; er war dankbar für jeden, der den renitenten Ares in die Schranken wies.

In Windeseile begab sich Athene in das Getümmel der Schlacht zurück und suchte Diomedes auf, der inzwischen völlig erschöpft bei seinem Streitwagen stand und wenig Entschlossenheit verbreitete. Athene packte ihn bei seinem Ehrgefühl: »Du scheinst von Furcht gelähmt zu sein. Kaum zu glauben, daß Tydeus wirklich dein Vater ist. Der hat vor Theben im Alleingang fünfzig Männer erschlagen.«

Das konnte Diomedes natürlich nicht auf sich sitzen lassen: *Weder lähmt mich entseelende Furcht, noch hemmt mich die Trägheit, sondern noch immer gedenk' ich der Weisung, die du mir gabest: Niemals seligen Göttern im Kampf entgegenzutreten.*

Die Weisung von vorhin, so verkündete Athene jetzt, könne er getrost vergessen. Mit ihrem Beistand müsse er selbst die Auseinandersetzung mit Ares nicht mehr fürchten, und die Göttin schwang sich auf seinen Streitwagen, nahm die Zügel und preschte los, Diomedes an ihrer Seite.

Ares hatte eben den mächtigen Ochesios aus Ätolien getötet und war nun damit beschäftigt, ihn zu entwaffnen, als er Diomedes auf sich zurasen sah. Augenblicklich ließ er alles stehen und liegen und stürmte ihm entgegen, in der Gewißheit, daß Diomedes in ihm seinen letzten Gegner finden würde. Mit Athenes Hilfe jedoch gelang es Diomedes, Ares nicht nur die Stirn zu bieten, sondern ihn sogar am Bauch zu verwunden. Dabei schrie der Kriegsgott so laut auf, daß augenblicklich beide Lager vor Entsetzen erstarrten.

Ares mußte sich, in Gewitterwolken gehüllt, auf den Olymp flüchten, wo er sich bei Zeus darüber beschwerte, daß kein Bewohner des Olymp sich so viel herausnehmen könne wie Athene. Zeus aber duldete keine abfälligen Bemerkungen über seine liebste Tochter, und aus Ares' Mund schon gar nicht:

Hüte dich, Unbeständ'ger, mir hier zur Seite zu winseln!
Wahrlich, du bist mir verhaßt vor allen olympischen Göttern!
Immer hast du den Zank doch geliebt und Kampf und
*   Befehdung!*
Gleich der Mutter an Trotz und unerträglichem Starrsinn,
Heren, welche ich mühsam nur durch Worte bezwinge!

Aber Blut ist bekanntlich dicker als Wasser, und so ließ Zeus Phäon kommen, den Dr. Müller-Wohlfahrt des Olymp, damit der sich um die Wunde seines ungeliebten Sohnes kümmere, und als Hera und Athene schadenfroh auf den Olymp zurückkehrten, saß Ares schon wieder mißmutig an der Seite seines Vaters.

Über die Grenzen hinweg

Der sechste Gesang der *Ilias* ist einer der eindringlichsten und beklemmendsten, und bereits die erste Zeile stimmt den Leser entsprechend ein: *Einsam blieb der Troer und Danaer schreckliche Feldschlacht.*

Etliche hatten inzwischen ihr Leben lassen müssen, doch die Schlacht tobte unvermindert weiter, da kam es unerwartet zu einer kuriosen Begegnung: Mitten im Gefecht traf Diomedes plötzlich auf einen Mann in einer goldenen Rüstung, den er nicht einzuordnen vermochte. Handelte es sich vielleicht um einen Gott? Ohne Athene an seiner Seite sollte er lieber nachfragen. Wenn sich der andere dann als Mensch zu erkennen gab – kein Problem. *Bist du aber ein Gott, vom Himmel herniedergekommen, nicht fürwahr begehrt' ich, mit himmlischen Göttern zu kämpfen.*

Doch sein Gegenüber hieß Glaukos und war menschlichen Geschlechts. Um seinen Gegner einzuschüchtern (oder einzuschläfern), zählte er zunächst einmal seine stattliche Ahnenreihe auf. Als Diomedes vernahm, daß der Großvater seines Gegenübers Bellerophontes gewesen war, erhellten sich seine Gesichtszüge. Sein eigener Großvater Öneus nämlich war mit diesem eng befreundet gewesen. Inmitten des Kampfgetümmels stieß Diomedes seine Lanze in den Boden, stieg vom Wagen und reichte Glaukos die Hand. Die beiden beschlossen, sich fortan im Kampf aus dem Weg zu gehen, schließlich blieben für Glaukos noch so viele Griechen wie Trojaner für Diomedes übrig, und zum Zeichen ihrer Freundschaft tauschten sie ihre Rüstungen.

Im Verlauf des Gefechts wurden die Griechen so übermächtig, daß Helenos, einer der Söhne Priamos' und ein berühmter Wahrsager, Hektor vorschlug, er solle in die Stadt eilen und ihrer Mutter Hekabe auftragen, in den Tempel der Athene hinaufzusteigen, um der Göttin ein Opfer von zwölf Rindern in Aussicht zu stellen, wenn sie sich der trojanischen Frauen und Kinder erbarme. Hektor folgte dem Rat seines Bruders und eilte hinauf nach Troja. Umringt von Frauen, die sich besorgt nach ihren Männern und Söhnen erkundigten, bahnte er sich den Weg zum Palast seines Vaters.

Er traf Hekabe bei seiner Schwester Laodike an. Sie erfaßte sofort den Ernst der Lage und ließ nach den würdigsten Frauen schicken, die mit ihr gemeinsam zum Tempel gehen sollten. Hektor lief unterdessen zu den Gemächern seines Bruders Paris, der mit Helena zusammensaß und gerade nichts Besseres zu tun hatte, als die Krümmung seines Bogens zu prüfen. Hektor herrschte ihn an, sich nicht so feige in seinem Haus zu verbergen, während das Volk sich vor den Toren der Stadt seinetwegen im Kampf aufrieb.

Helena nutzte die Gelegenheit, sich bei Hektor anzubiedern. Während sie ihre Dienerinnen zur Arbeit antrieb, sinnierte sie darüber, welch tragisches Schicksal ihr doch beschieden sei, daß sie den armen Trojanern solches Ungemach bereiten müsse. Homer zeigt sie uns als durchtrieben und heuchlerisch. Sie äußerte sich nicht nur despektierlich über Paris, dem sie einst so willfährig aus Sparta gefolgt war, sondern bezeichnete ihren Schwager gar als den *besseren* Mann, dessen Gemahlin sie lieber geworden wäre.

Als sie Hektor auch noch bat, es sich gemütlich zu machen, wurde es ihm zu bunt. Für so etwas habe er jetzt keine Zeit. Helena solle Paris zur Eile antreiben und in die Schlacht schicken, er werde versuchen, noch einmal seine Frau und seinen Sohn zu sehen, denn niemand könne sagen, ob er lebend zurückkäme. Mit diesen Worten drehte er dem Unglückspaar den Rücken zu und lief nach Hause.

Doch statt seiner Frau fand Hektor nur die Wirtschafterin vor, die ihm erzählte, daß Andromache, außer sich vor Sorge, auf einen der Stadttürme habe gehen wollen, nachdem sie gehört hatte, daß die Trojaner in Bedrängnis geraten seien. Hektor rannte durch die Stadt. Am Skäischen Tor – er wollte schon wieder in die Schlacht eilen – traf er endlich auf seine Frau. In der ganzen *Ilias* findet sich, abgesehen von dem Zusammentreffen Achilleus' mit Priamos, keine ergreifendere Begegnung als die der beiden Liebenden an der Rückseite der Stadtmauer.

Andromache hatte eine leidvolle Geschichte hinter sich und kannte bereits den Schmerz des Verlustes. Achilleus hatte sie ihrer gesamten Familie beraubt, nachdem er Theben, die Stadt ihres Vaters, zerstört, ihren Vater selbst und ihre sieben Brüder getötet hatte. Ihr geliebter Sohn Astyanax und Hektor waren die einzigen, die ihr geblieben waren. Was sollte aus ihr werden, wenn Hektor erst tot wäre?

Sie flehte ihn an: *Hektor, siehe, du bist mir Vater und waltende Mutter und auch Bruder zugleich, du bist mein blühender*

Gatte! Ach, erbarme dich doch und bleib jetzt hier auf dem Turme!

Hektor aber hatte keine Wahl: Niemals hätte er sein Heer und sein Volk verraten; auch aus Liebe zu seiner Frau und seinem Sohn mußte er zurück in die Schlacht. Wohl ahnte er bereits, daß Troja fallen würde, doch konnte er nichts anderes tun, als das drohende Unheil so lange wie möglich abzuwenden und darauf zu hoffen, ehrenvoll auf dem Schlachtfeld sterben zu dürfen und nicht mit ansehen zu müssen, wie seine Frau in die Sklaverei verschleppt wurde. Ein vielleicht letztes Mal wollte er seinen Sohn in den Armen halten, doch das Kind klammerte sich schreiend an die Amme; in Helm und Rüstung erkannte es seinen Vater nicht, und Hektors Anblick flößte ihm Angst ein. *Eilend nahm vom Haupte den Helm der strahlende Hektor, setzte den schimmernden hin auf den Boden sogleich, und er selber küßte sein liebes Kind und wiegte es sanft in den Armen.* Mit seinem Sohn auf dem Arm erbat er Zeus' Segen für seinen Nachkommen und

… legt' in die Arme der liebenden Gattin
Seinen Sohn, und sie drückt' ihn an ihren duftenden Busen,
Unter Tränen noch lächelnd; ihr Gatte, von Mitleid
    ergriffen,
Streichelte sie mit der Hand und redete, also beginnend:
Armes Weib, nicht mußt du zu sehr mir im Herzen dich
    grämen!
Gegen das Schicksal wird mich keiner zum Aides (Hades)
    senden. …
Schon aber war sie nach Hause geeilt, die liebende Gattin,
Häufig zurück sich wendend und quellende Tränen
    vergießend. …
Lebend noch ward Hektor beweint in seinem Palaste,
Denn sie glaubten, er würde nimmer zurück aus dem Kampfe
Kehren und nimmer den Händen der starken Achaier
    entrinnen.

Hekabe war unterdessen zum Tempel der Athene geeilt und hatte der Priesterin Theano ein reichbesticktes Gewand übergeben, das diese Athene als Geschenk verehrte. Vor dem Bildnis der Göttin flehte Theano um Erbarmen für die trojanischen Frauen und Kinder, Athene aber hatte ihre Entscheidung getroffen: Wenn es nach ihr ging, sollte Troja fallen. Und es ging fast immer nach ihr.

Hektor und Ajax

Paris und Hektor stürzten sich gemeinsam in die Schlacht und richteten unter den Griechen ein schreckliches Blutbad an; da konnte es nicht lange dauern, bis Athene wieder auf der Bildfläche erschien. Sie eilte vom Olymp herab, wurde jedoch, bevor sie wieder ins Geschehen eingreifen konnte, von Apollon abgefangen, der ihr vorschlug, die Waffen für einen Tag ruhen und statt dessen Hektor in einem Zweikampf gegen einen der Griechen antreten zu lassen. Lakonisch sagte Athene: »Von mir aus.«

Der Seher Helenos *vernahm im Gemüte* den Entschluß der Götter und eilte zu seinem Bruder, um diesem davon zu berichten. Der erfreute Hektor trat daraufhin vor sein Heer und bedeutete den Kämpfenden, sich zu setzen; gleiches tat Agamemnon auf der anderen Seite.

Als Ruhe eingekehrt war, erhob Hektor seine Stimme: *Wem von diesen* (Achaiern) *das Herz mit mir zu kämpfen gebietet, hierher tret' er zum Einzelkampf mit dem göttlichen Hektor!*

Der Sieger der Begegnung solle als Beute die Waffen des anderen erhalten, den Leichnam aber zurückgeben, damit der Unterlegene würdig bestattet werden könne.

Stille trat ein. Es war eine Demütigung, sich nicht dem Kampf zu stellen, aber gegen Hektor konnte man sich kaum eine Chance ausrechnen. Menelaos war es schließlich, der das

Schweigen brach. Da er offensichtlich von lauter prahlerischen Weibern umgeben sei, werde er selbst gegen Hektor antreten.

Der trojanische Feldherr war Menelaos deutlich überlegen, ein Kampf hätte Menelaos' sicheren Tod bedeutet. Agamemnon nahm seinen Bruder beiseite: »Bist du von Sinnen? Gegen Hektor hast du keine Chance.«

Kleinlaut setzte Menelaos sich wieder zu den anderen.

Es bedurfte einer feurigen Rede des weisen Nestor, um die Herzen der Griechen so weit zu entflammen, daß sich neun von ihnen als Freiwillige erhoben: Agamemnon, Diomedes, der »große« und der »kleine« Ajax, Eurypylos aus Thessalien, Thoas aus Ätolien und natürlich Odysseus, der schlecht sitzen bleiben konnte. Außerdem der schon halb ergraute Idomeneus und dessen Waffengefährte Meriones, ein bekannter Bogenschütze.

Ein glückliches Los bestimmte den »großen« Ajax, der neben Diomedes noch die besten Aussichten hatte, Hektor zu bezwingen. Wie furchteinflößend seine Gestalt war, kann man an der Reaktion der Trojaner sehen:

Aber den Troern durchfuhr ein lähmendes Grauen die Glieder.
Selbst dem Hektor begann sein Herz im Busen zu pochen,
Doch mitnichten konnt' er zurückfliehen oder sich bergen
Unter die Haufen des Volks, da er selbst ihn zum Kampfe gefordert.

Der Kampf begann. Hektor hatte einen schweren Stand. Er mußte sich nicht nur zwischenzeitlich von Apollon auf die Beine helfen lassen, sondern auch eine Verletzung hinnehmen. Bevor es jedoch zum K. o. kam, brachen die Herolde der beiden Kriegsparteien den Kampf ab und mahnten, man solle der hereinbrechenden Nacht gehorchen und sich bis zum nächsten Tag in seine Lager zurückziehen. Hektor und Ajax trennten sich ehrenhaft und tauschten zum Zeichen der gegenseitigen Anerkennung Geschenke aus.

Der Zweikampf zwischen Hektor und Ajax auf der Schale des Duris
(um 480 v. Chr.)

Die Trojaner versammelten sich in Priamos' Burg. Der verständige Antenor schlug vor, Helena angesichts der prekären Lage nun doch auszuhändigen, schließlich hätte Paris unrecht gehandelt, sie zu entführen.

»Niemals!« rief Paris, der bereit war, die Schätze, die er in Sparta geraubt hatte, zurückzugeben – verzinst sogar, wenn nötig –, auf keinen Fall aber Helena. Priamos legte den Streit bei, indem er entschied, daß am folgenden Morgen der Herold Idaios zu den Griechen geschickt werden solle, um dort Paris' Vorschlag zu unterbreiten und einen Tag Waffenruhe zu erbitten, damit die vielen Opfer verbrannt werden könnten.

Als Idaios am Morgen ins griechische Lager kam, hatte man sich soeben zum Rat bei Agamemnons Schiff eingefunden. Die Versammelten standen dem trojanischen Angebot unentschlossen gegenüber, also ergriff der loyale Diomedes das Wort: Es solle sich nur ja niemand von dem Angebot blenden lassen; nicht mal, wenn Paris Helena zurückzugeben bereit sei, solle man darauf eingehen. Der Vorschlag beweise doch nur, daß den Trojanern das Wasser bereits bis zum Halse stehe. So schickte Agamemnon den Herold unverrichteterdinge zurück, willigte aber in einen Waffenstillstand ein, um die Toten zu verbrennen.

Wem die Waage sich neigt

Eos im Safrangewand erleuchtete rundum die Erde,
Als der Donnerer Zeus die Unsterblichen rief zur
Versammlung
Auf den obersten Gipfel des vielgezackten Olympos.

Zeus hatte eine Ansprache vorbereitet, und ihm war nicht nach Diskussionen zumute; die ewigen Intrigen und Streitereien hatten ihn zermürbt. Er verkündete den anderen Göttern, daß er beschlossen habe, selbst in die Schlacht einzugreifen; außerdem verbat er sich jegliche Einmischung. Um von Anfang an jedem den Wind aus den Segeln zu nehmen, der sich einfallen lassen könnte, wider seinen Willen das Kriegsgeschehen zu beeinflussen, drohte er damit, Abweichler in Tartaros' Dunkel hinabzuschleudern. Mit diesen Worten schwang er sich auf seinen goldenen Wagen und ließ die verstummte Götterschar zurück.

Der Tartaros war eine Art Straflager – ein Ort undurchdringlicher Finsternis –, in dem die Seelen der Verstorbenen für ihre Verbrechen büßten. Er lag so weit unter der Erde wie die Erde unter dem Himmel; ließ man einen Amboß hinunterfallen, benötigte dieser zehn Tage, um dort anzukommen.

Zeus lenkte seine goldmähnigen Rosse zum Ida, einem quellen- und waldreichen Gebirgszug südöstlich von Troja. Von dort aus konnte er problemlos Troja und die griechischen Schiffe beobachten.

Als bei Tagesanbruch die Schlacht aufs neue entbrannte, verfolgte er das blutige Treiben, bis die Sonne ihren höchsten Stand erreicht hatte, dann richtete er seine goldene Waage aus, warf zwei Todeslose hinein, *faßte die Mitte und wog; da lastete*

*schwer der Achaier Schicksalstag, daß die Schale zur nahrungs-
spendenden Erde sank und das Los der Troer zum weiten Himmel emporstieg.*

Das Los hatte also gegen die Griechen entschieden. Zeus
donnerte vom Ida herab und schleuderte einen Blitz in die
griechischen Reihen, daß selbst die Kühnsten unter ihnen der
Mut verließ und sie sich zur Flucht wandten. Einzig der weise
Nestor blieb auf dem Feld zurück, wenngleich unfreiwillig;
Paris hatte sein Pferd getötet.

Hektor hätte ihn erschlagen, wenn Diomedes nicht herbeigeeilt wäre und ihn mit auf seinen Wagen genommen hätte.
Der alte Mann ergriff die Zügel, und gemeinsam sprengten sie
Hektor entgegen, den sie in arge Bedrängnis gebracht hätten,
wenn Zeus nicht wütend einen weiteren Blitz direkt vor
ihrem Wagen in die Erde hätte krachen lassen, der sie zur Umkehr bewog. *Auf, Diomedes, wende zur Flucht die stampfenden
Rosse! Siehest du nicht, daß Zeus dir keine Hilfe mehr bietet?*
beschwor Nestor seinen Retter.

Die gekränkte Hera schäumte so sehr, daß sie sogar versuchte, Poseidon gegen ihren Mann aufzuwiegeln, aber dem
klangen die Worte seines Bruders noch im Ohr, und er wußte,
in dieser Stimmung durfte er sich auf keinen Fall mit ihm an-
legen, auch wenn er den Griechen gerne beigestanden hätte.
So mußte Hera tatenlos mit ansehen, wie die Griechen zu
ihren Schiffen zurückgedrängt wurden.

Zeus ließ sich dann doch vom Flehen des Agamemnon erweichen. Als Zeichen seines Erbarmens schickte er den Griechen den *Vogel der höchsten Verheißung*, einen Adler, der ein
Hirschkalb in den Fängen trug und es auf Zeus' Altar fallen
ließ. Das flößte den Griechen neuen Mut ein, und sie sprengten über den Graben, um sich den Trojanern entgegenzustel-
len. Teukros, ein Halbbruder Ajax', hatte nun seine große
Stunde: Der *trefflichste Bogenschütze* erlegte einen Feind nach
dem anderen. Nur Hektor vermochte er nicht zu treffen.
Zweimal durchbohrten seine Pfeile Hektors Wagenlenker,

doch als er zum dritten Versuch ansetzte, traf ihn Hektor mit einem Stein an der Schulter und zertrümmerte ihm das Schlüsselbein. Ohne Teukros wendete sich das Blatt erneut, und die Griechen mußten sich hinter ihren Graben zurückziehen.

Hera konnte nicht länger untätig bleiben und suchte Unterstützung bei Athene: *Sieh doch, wie unerträglich Zeus wütet, was für ein Blutvergießen er anrichtet in seinem Groll!*

Athene war derselben Ansicht, wußte aber, daß selbst sie ihn in dieser Verfassung nicht umstimmen konnte. Das Versprechen, das ihr Vater Thetis gegeben hatte, wog schwerer als die Liebe zu seiner Tochter. Wenn sie nicht untätig bleiben wollten, mußten sie auf eigene Faust handeln. Daher hieß Athene Hera die Pferde anspannen und stieg in ihre Rüstung.

Mit seiner ersten Gemahlin Themis, der Göttin der Ordnung, hatte Zeus unter anderem die Jahreszeiten (Horen) gezeugt, die das Himmelstor zum Olymp hüteten, durch das jetzt Hera und Athene preschten. Als Zeus sie sah, geriet er außer sich. Hatte er sich nicht jede Einmischung strengstens verboten? Seine Gemahlin und die schlaue Athene waren an Starrsinn nicht zu überbieten – abgesehen von Ares vielleicht. Zornerfüllt schickte er seine Botin Iris zu ihnen, der er eine Nachricht mit auf den Weg gab, die an Eindringlichkeit nichts zu wünschen übrigließ:

Nicht einmal im Laufe von zehn umkreisenden Jahren
Würden die Wunden geheilt, womit mein Strahl sie gezeichnet.
Dann wird Athene verstehn, was es heißt, mit dem Vater zu
*   kämpfen!*
Weniger freilich vermag mich Here zum Zorne zu reizen;
Immer pflegt sie mir doch zu vereiteln, was ich beschlossen!

Als Hera und Athene Zeus' Botschaft vernahmen, wußten sie, dies würde seine letzte Warnung sein. Es hatte keinen Sinn, sie mußten unverrichteterdinge umkehren.

Wenig später traf Zeus wieder auf dem Olymp ein. Er ließ

sich in seinen goldenen Thron fallen, daß der ganze Olymp wackelte; Hera und Athene saßen nur schweigend und grollten. Bei so viel zur Schau getragenem Vorwurf konnte sich Zeus einen Kommentar nicht verkneifen: »Habt ihr euch den Magen verdorben? Ihr seht aus, als hättet ihr etwas Schlechtes gegessen. Seid froh, daß ich euch eine letzte Warnung geschickt habe. Im Leben wärt ihr nicht mehr zum Olymp heimgekehrt, wenn euch mein Strahl getroffen hätte.«

Und während Athene schlau genug war, sich auf die Zunge zu beißen, konnte Hera ihren Unmut nicht länger zurückhalten:

Welch ein Wort, Kronion (Zeus), *du Schrecklicher, hast du*
    geredet?
Wohl erkennen auch wir dein unbezwingliches Walten.
Dennoch jammern uns sehr die mutigen Danaerkrieger,
Welche nun sterben sollen, ihr trauriges Schicksal erfüllend.

Wie war das nur möglich, fragte sich Zeus. Warum konnte Hera nicht ein einziges Mal ihren Mund halten? Es war zum aus der Haut fahren!

Du bist hündisch wie niemand! schrie er sie an. »Warte nur bis morgen, dann werde ich ein noch viel größeres Blutbad anrichten!«

Sollte sie ruhig sehen, was ihr die dauernden Widerworte einbrachten!

Die hereinbrechende Nacht hatte indes die Griechen vor dem Schlimmsten bewahrt. Hektor aber fieberte schon dem Tagesanbruch entgegen. Er ließ sein Heer an Ort und Stelle das Nachtlager errichten, um in aller Frühe losschlagen zu können. Außerdem wollte er mit Diomedes abrechnen; morgen würde sich zeigen, wie lange der ihm standhalten konnte.

So saß er unter dem Sternenhimmel, während um ihn herum auf dem Schlachtfeld tausend Lagerfeuer brannten, an jedem von ihnen fünfzig Männer.

Der unversöhnliche Achilleus

... Doch die Achaier
Lähmte die schmähliche Flucht, des grausamen Schreckens
Genossin;
Unerträglicher Schmerz durchdrang die Tapfersten alle.

Während Hektor den Sonnenaufgang herbeisehnte, der die Entscheidung bringen sollte, hatte Agamemnon einen weiteren Rat einberufen. Die Lage sei aussichtslos, so der Fürst. Zeus habe sich offensichtlich von ihnen abgewandt, die Schlacht sei nicht mehr zu gewinnen. Er schlug vor zu fliehen, solange die Schiffe noch nicht in Brand gesteckt waren.

Ratloses Schweigen. Vielen war der Gedanke an Flucht schon durch den Kopf gegangen, aber noch keiner hatte ihn auszusprechen gewagt. Jetzt selbst Agamemnon davon sprechen zu hören war niederschmetternd. Diomedes fand als erster seine Sprache wieder: Obschon der mächtigste unter den Griechen, ermangele es Agamemnon doch an Standhaftigkeit, der Edelsten Stärke. Wenn es ihn so sehr nach Hause ziehe – bitte! Er, Diomedes, werde bleiben, bis Ilios, die Burg des Priamos, endlich zerstört wäre.

Der weise Nestor warnte vor übereilten Beschlüssen, denn er war sicher: *Diese Nacht wird das Heer vernichten oder bewahren!*

Schon damals ließ man weitreichenden Entscheidungen gerne ein ausgedehntes Essen vorangehen; zunächst einmal führte Agamemnon also die wichtigsten Männer in sein Zelt, wo sie aufwendig bewirtet wurden. Im Anschluß an das Mahl meldete sich Nestor zu Wort. Er wußte, die einzige Chance, Hektor und sein Heer noch zu bezwingen, lag nicht weit entfernt in seinem Schiff und hieß Achilleus. Wenn es ihnen gelänge, den wieder für den Kampf zu gewinnen, könnte das die entscheidende Wende bedeuten. Ohne eine Aussöhnung mit Agamemnon allerdings würde Achilleus nichts dazu be-

wegen können, wieder zu den Waffen zu greifen. Der Weg zu
Achilleus führte demnach über Agamemnon. Also redete ihm
Nestor ins Gewissen:

> *Seit dem Tag, da du, Liebling des Zeus, die schöne Briseis*
> *Aus dem Zelte dem zürnenden Peleussohne geraubt hast,*
> *Nicht nach unserem Sinne fürwahr, denn ich habe mit großem*
> *Ernste dir abgeraten. Doch übermütigen Geistes,*
> *Hast du den tapfersten Mann, den selbst die Unsterblichen*
> *ehrten,*
> *Schmählich entehrt, denn du nahmst sein Geschenk ihm …*

Ganz gegen seine Gewohnheit zeigte sich Agamemnon
reumütig und gestand seinen Fehler ein. Auch er sah in Achilleus den letzten Hoffnungsträger, und so zählte er auf die
Schnelle vor den Versammelten alles auf, was er dem Zür-
nenden zu schenken gedenke, wenn der nur wieder in ihre
Reihen zurückkehre: zehn Talente Gold, sieben dreifüßige
Kessel, zwölf der kräftigsten Pferde; dazu sieben lesbische
Frauen – d. h. keine gleichgeschlechtlich orientierten Damen,
sondern besonders reizvolle Bewohnerinnen der Insel Les-
bos –, die geraubte Briseis natürlich ebenfalls, und für den
Fall eines Sieges gleich noch zwanzig Trojanerinnen, sieben
Städte, eine seiner Töchter und und und.

Mehr könne man nun wirklich nicht verlangen, meinte Nestor, und so wurde eine Gruppe, bestehend aus Phönix, Ajax,
Odysseus und zwei Herolden, zu Achilleus geschickt.

Der inzwischen greise Phönix war einst von Achilleus' Vater Peleus gütig aufgenommen und zum Erzieher seines Sohnes ernannt worden. Er kannte Achilleus von Kindesbeinen
an; früher hatte der nur essen wollen, wenn er dabei auf Phönix' Schoß sitzen durfte. Peleus hatte ihn als Mentor seines
Sohnes mit nach Troja geschickt.

Als die Gesandtschaft bei Achilleus eintraf, war dieser gerade damit beschäftigt, auf der Leier zu spielen und seinem
Busenfreund Patroklos ein Lied vorzusingen. Das konnte

dauern, doch die Abgesandten faßten sich in Geduld. Erst als Achilleus geendet hatte, traten sie zu ihm.

Odysseus schilderte die ausweglose Lage des Heeres und erinnerte Achilleus an die Worte seines Vaters, die dieser ihm einst mit auf den Weg gegeben hatte: Mit Athenes und Heras Hilfe werde er, Achilleus, Troja besiegen, doch müsse er seinen erhabenen Stolz bändigen. Dann zählte Odysseus akribisch auf, was Agamemnon ihm für den Fall seiner Rückkehr ins Heer alles versprochen hatte, und appellierte abschließend an sein Mitleid wie an seine Eitelkeit: Wenn schon nicht für Agamemnon, so solle Achilleus sich doch wenigstens der bedrängten Kämpfer erbarmen, die ihn künftig wie einen Gott verehren würden.

Achilleus' Haß jedoch wog schwerer als alle Argumente:

... ich hasse den Mann (Agamemnon) *so sehr wie die Pforten des Hades,*
Der ein andres im Herzen verbirgt und ein andres ausspricht.
...
Ein jeglicher Mann, der edel und klug ist,
Liebt sein eigenes Weib und pflegt es: Also auch lieb' ich
Jene (Briseis) *von ganzem Herzen, obwohl mein Speer sie erbeutet.*
Nun er das Ehrengeschenk aus den Händen mit List mir entwunden,
Mag er mich nimmer versuchen; ich kenn' ihn und glaube kein Wort mehr!

Und kaufen ließ sich ein Achilleus schon gar nicht:

Seine Gaben sind mir verhaßt, und ich acht' ihn wie gar nichts.
Nein, und böt' er mir zehnmal, zwanzigmal größere Güter,
Als er selbst besitzt ...
Böt' er mir auch soviel, wie Träume sonst trügerisch verheißen,
Dennoch könnt' Agamemnon mein Herz nicht eher bewegen,
Als bis er abgebüßt die seelenkränkende Schmähung!

Seine Mutter Thetis habe ihm vorausgesagt, daß er entweder für den Preis ewigen Nachruhms eines frühen Todes im Kampf um Troja sterben oder aber zurückkehren und in den Genuß eines langen Lebens kommen werde, dafür aber auf den Ruhm verzichten müsse. Er gedenke das letztere zu tun.

Phönix war tief betrübt und versuchte unter Aufbietung eindringlichster Gleichnisse, Achilleus umzustimmen. Dessen Unerbittlichkeit sei ein großer Fehler. Wer unfähig sei zu verzeihen und die Entschuldigungen anderer von sich stoße, schade sich selbst am meisten:

Denn die reuigen Bitten sind Töchter des großen Kronion;
Hinkenden Fußes, runzlig, mit seitwärts schielenden Augen,
Schreiten sie hinter der Schuld einher und suchen zu folgen.
Aber die Schuld ist frisch und rüstig zu Fuße, denn allen
Läuft sie voraus und bringt auf der ganzen Erde Verwirrung
Unter den Menschen zuerst, und jene folgen mit Sühne.
Wer den nahenden Töchtern des Zeus mit Ehrfurcht begegnet,
Diesem helfen sie wohl und hören auf seine Gebete.
Doch wenn einer sie von sich stößt und trotzig sich weigert,
Alsdann kommen sie gleich zu Zeus Kronion und bitten,
Daß ihm folge die Schuld, damit er büße durch Schaden.

Doch nicht einmal Phönix' Worte konnten Achilleus erweichen. Sein größtes Entgegenkommen bestand darin, bis zum nächsten Morgen zu warten, um zu entscheiden, ob er abfahren oder noch bleiben würde. Ajax hatte ein Einsehen, ihre Mission war fehlgeschlagen.

»Laß uns gehen«, sagte er zu Odysseus, und sie verließen das Schiff, um Agamemnon die schlechte Nachricht zu überbringen.

Im Rat hatte man sich große Hoffnungen gemacht und war jetzt um so niedergeschlagener, als Odysseus von dem Besuch bei Achilleus berichtete. Nach langem Schweigen war es wieder einmal Diomedes, der die anderen aufrüttelte. Er war gekränkt. Wie konnte Achilleus nur so hartherzig sein? Wenn es nur um ihn und Agamemnon gegangen wäre – schön. Aber hier stand das Schicksal Griechenlands auf dem Spiel!

»Du hättest ihm gar nichts anbieten sollen«, sagte er zu Agamemnon. »So hast du seinen Stolz nur noch geschürt. Soll Achilleus doch sehen, wo er bleibt. Kümmern wir uns nicht weiter um ihn, sondern besinnen uns unserer eigenen Stärke!«

Im Schatten der Nacht

Agamemnon konnte keinen Schlaf finden. Beim Anblick der Feuer auf dem nahen Schlachtfeld jenseits des Grabens wurde ihm das Herz schwer. Sollte dies wirklich ihre letzte Nacht sein und sie im Morgengrauen das blutige Schicksal umarmen? Flöten- und Pfeifenspiel tönte von den Trojanern herüber und vermischte sich mit den Geräuschen Tausender Männer zu einer gespenstischen Kulisse. Er beschloß, den alten Nestor aufzusuchen, vielleicht hatte der ja noch eine Idee, wie sie dem drohenden Untergang entrinnen könnten. Kaum hatte er sich das Löwenfell umgeworfen, da lief ihm Menelaos in die Arme, der ebenfalls keine Ruhe finden konnte. Agamemnon trug ihm auf, Idomeneus und Ajax von ihren Schiffen zu holen und sich mit ihm bei den Wachen am Graben zu treffen; er selbst werde unterdessen Nestor wecken.

Als Agamemnon mit Nestor bei den Wachen eintraf, hatten sich inzwischen auch Odysseus, Diomedes, der »kleine« Ajax und der Bogenschütze Meriones eingefunden. Nestor voran, schlichen sie durch den Graben zu dem leichenübersäten Feld, auf dem Stunden zuvor noch Hektor gewütet hatte. Dort setzten sie sich nieder und beratschlagten. Diomedes erbot sich, im Schutz der Nacht ins trojanische Lager zu schleichen, um Informationen zu erlauschen, vielleicht könnten sie sich so besser auf den morgigen Kampf vorbereiten. Als Begleiter für seine Mission wählte er Odysseus aus; niemand war findiger als der. Die vorgerückten Sterne bezeugten, daß zwei Drittel der Nacht bereits verstrichen waren, deshalb brachen die beiden unverzüglich auf und verschwanden in der Dunkelheit.

Plötzlich hörte Odysseus Schritte. Jemand aus dem trojanischen Lager mußte sich seinerseits auf den Weg gemacht haben, um die Griechen auszuspähen! Odysseus und Diomedes legten sich zu den Toten abseits des Weges und ließen den Späher passieren. Es war der unansehnliche Dolon, Sohn eines göttlichen Herolds und als schneller Läufer bekannt. Hektor hatte ihm einen Streitwagen mit Pferden versprochen, wenn er mit verwertbaren Informationen von den Griechen zurückkäme.

Odysseus und Diomedes schnitten ihm den Rückweg ab und jagten ihn bis zum Graben, wo sie ihn endlich stellen konnten. Zähneklappernd jammerte Dolon um sein Leben, doch Odysseus beschwichtigte ihn: Um sein Leben brauche er sich nicht zu sorgen, sie wollten nur Informationen. Bereitwillig gab Dolon Auskunft: Er verriet ihnen, wo Hektor sein Lager aufgeschlagen hatte und an welchen Orten die Verbündeten sich aufhielten – auch wo die Neuankömmlinge aus Thrakien sich mit ihren unvergleichlichen Pferden niedergelassen hatten. Odysseus war zufrieden, sein Versprechen freilich erwies sich als Täuschung: Nachdem Dolon alles ausgeplaudert hatte, *traf ihn tief in den Nacken wuchtig das Schwert und zertrennte die beiden Sehnen; es rollte während sein Ruf noch klang, am Boden im Staube der Kopf schon.*

Sofort eilten Odysseus und Diomedes zu der Stelle, an der die Thrakier lagern sollten. Und tatsächlich: Inmitten seiner Männer fanden sie den schlafenden thrakischen König Rhesos vor, und seine Pferde waren wirklich aller Ehren wert. Während Odysseus lautlos die Pferde entschirrte und zusammenband, erschlug Diomedes zwölf thrakische Männer und schließlich auch den König. Zu gerne hätte er sich noch den edlen Streitwagen unter den Nagel gerissen, doch Athene tauchte unerwartet aus dem Dunkel vor ihm auf und mahnte ihn zum Rückzug, bevor ein anderer Gott die Trojaner wecke.

Gehorsam schwang er sich zu dem bereits pfeifenden Odysseus auf eines der Pferde und galoppierte mit ihm ins Lager zurück. Als Apollon, Athenes olympischer Gegenspieler im Kampf um Troja, seine Widersacherin bei Diomedes erblickte, weckte er schnell einen thrakischen Fürsten auf. Sobald der begriffen hatte, was geschehen war, brach er in laute Klagerufe aus, die das ganze Lager aufschreckten. Die Trojaner liefen zusammen und betrachteten fassungslos das Massaker; Odysseus und Diomedes aber waren bereits wieder in Sicherheit.

Zeus der Grausame

Der Beherrscher des Olymp hatte noch immer nicht genug. Ein unbändiger Zerstörungswille hatte von ihm Besitz ergriffen und ließ ihn nicht wieder los. So war er nun einmal: Es konnte einige Zeit dauern, bevor Zeus richtig wütend wurde, dann aber gab es für ihn kein Halten mehr. Bei Tagesanbruch schickte er Eris, die Göttin der Zwietracht (die mit dem Apfel), ins griechische Lager, wo sie sich auf Odysseus' Schiff postierte und einen so gewaltigen Kampfschrei ertönen ließ, daß die Krieger von neuem Mut erfüllt wurden und eifrig zum Gefecht rüsteten; die Trojaner nahmen unterdessen auf dem höher gelegenen Schlachtfeld Aufstellung.

Augenblicke später stürmten sie aufeinander los und metzelten sich nieder. Eris sah es mit Freude, und während auf dem Olymp die Götter in ihren Gemächern schmollten, weil Zeus beschlossen hatte, den Trojanern den Sieg zu schenken, saß der Göttervater auf dem Idagebirge und betrachtete befriedigt das schreckliche Morden.

Zunächst sah es so aus, als würden die Griechen das Gefecht für sich entscheiden können. Unter ihrem waghalsigen Anführer Agamemnon gelang es ihnen, Hektor bis an die Mauern Trojas zurückzudrängen. Doch Zeus schickte die Götterbotin Iris zu dem Bedrängten herab und ließ ihm ausrichten, er solle sich bedeckt halten, solange Agamemnon überlegen in der ersten Reihe tobe. In dem Moment aber, wo dieser sich verletzt aus dem Gefecht zurückziehen müsse, solle Hektor zuschlagen.

Der trojanische Heerführer mußte nicht lange warten: Um den soeben von Agamemnon erschlagenen Iphidamas zu rächen, näherte sich der Thrakier Koon unbemerkt von der Seite und jagte dem Griechen seinen Speer durch den Arm. Koon büßte es mit dem Leben, aber Agamemnon mußte zurück zu den Schiffen, um die schmerzende Wunde verarzten zu lassen.

Das war das Signal für Hektor: Er peitschte sein Heer vorwärts und streckte seine Gegner gleich dutzendweise nieder. Odysseus und Diomedes stemmten sich gegen ihn, Diomedes gelang es sogar, ihn mit der Lanze am Helm zu treffen, und *Hektor flog unermeßlich zurück und versank in der Menge.* Doch gleich darauf wurde Diomedes von Paris' Pfeil getroffen, der ihm den Fuß durchbohrte.

Unerschrocken entgegnete ihm der Held Diomedes:
Pfeilheld, Frechling mit prangendem Horn, du Mädchengaffer!
Wenn du mir einmal nur zum Kampfe mit den Waffen dich
  stelltest,
Nichts wohl frommte der Bogen dir dann und die hagelnden
  Pfeile.
Jetzt, wo du nur die Sohle mir streiftest, prahlst du vergebens.
Nichts gilt mir's, als träfe ein Weib mich oder ein Knabe!

Doch die tapferen Worte entsprachen nicht den Tatsachen. Nachdem Odysseus schützend vor ihn getreten war und Diomedes sich den Pfeil aus dem Fuß gezogen hatte, zeigte sich, daß die Verletzung schwer war und auch Diomedes zurück ins Lager mußte. Odysseus hielt die Stellung, so gut es ging, wurde aber ebenfalls verletzt. Sokos, dessen Bruder er gerade getötet hatte, bohrte ihm seine Lanze durch den Schild und *schälte die ganze Haut von den Rippen.*

Sofort stürzten sich die Trojaner auf ihn, und hätten nicht Ajax und Menelaos seinen Hilferuf vernommen und ihn in letzter Minute aus dem Gefecht geborgen – er wäre nicht mehr zu retten gewesen.

All das beobachtete Achilleus vom Hinterdeck seines Schiffes aus mit gemischten Gefühlen: *Bald wohl werden Achaias Männer die Knie' mir umschlingen, flehentlich, denn ihre Not, fürwahr, ist nimmer zu ertragen!* Als er Nestor auf einem Wagen mit einem Verletzten erblickte, schickte er Patroklos, um sich nach dem Verwundeten zu erkundigen, denn er glaubte in ihm Machaon erkannt zu haben. Nestor und Machaon, den Paris mit einem Pfeil an der Schulter verwundet hatte, waren eingermaßen erstaunt, als plötzlich Patroklos in ihr Zelt kam.

»Was interessiert sich Achilleus neuerdings für seine Landsleute?« fragte der alte Nestor. »Tapfer mag er ja sein, aber er läßt sein Volk im Stich. Sieht er nicht, wie ausweglos die Lage ist? Die, die in der Schlacht am dringendsten gebraucht werden, liegen alle verletzt bei den Schiffen: Agamemnon, Diomedes, Odysseus …«

Und Nestor drängte Patroklos, er solle Achilleus dazu bringen, wenigstens ihn und seine Leute mit Waffen auszustatten und zum Kampf abzustellen, wenn er schon selbst nicht zu kämpfen bereit sei. Auf diese Weise könnten sie die Trojaner zur Stadt hin zurückdrängen und den erschöpften Kriegern die längst fällige Atempause ermöglichen. Patroklos nahm sich die Worte des weisen Nestor zu Herzen und eilte zurück zu seinem Freund.

Der Schutzwall

… Doch jetzt war Schlachtenlärm entbrannt und Getümmel Rings um den sicheren Bau; es krachten die Balken der Türme Unter dem Wurf. Die Argeier (Griechen), *von Zeus mit der Geißel gebändigt,*
Zauderten, schwer bedrängt beim Schutz der geborgenen Schiffe,
Bange vor Hektors Wut, des gewaltigen Schreckenerregers.

Der Graben, den die Griechen zum Schutz ihrer Schiffe ausgehoben hatten, war zu breit, als daß Pferde hätten darübersetzen können, zumal die Angreifer auf der anderen Seite ein Wall aus spitzen Holzpfählen erwartete. Auf Anregung seines Freundes Polydamas teilte Hektor deshalb das Heer in fünf Bataillone und versuchte, diese zu Fuß durch den Graben zu führen, um anschließend die Befestigung einzureißen.

Einzig Asios, ein trojanischer Held, an dessen Vater Priamos seine erste Frau abgetreten und dafür Hekabe genommen hatte, versuchte es auf anderem Weg: Linkerhand, am äußeren Rand des Befestigungswalls, gab es ein Tor, durch das die Griechen ihre Wagen ins und aus dem Feld führten. Es war nur notdürftig verriegelt, für den Fall, daß sich Nachzügler in die Befestigung flüchten wollten. Asios stürmte mit seinen Männern dagegen an, in dem Glauben, die Griechen hätten sich bereits auf ihre Schiffe geflüchtet. Auf der Rückseite aber wurde das Tor von Polypötes und Leonteus bewacht, dessen Stärke mit der des Kriegsgottes Ares verglichen wurde. Als das Tor nachzugeben drohte, stürmten die beiden heraus und verteidigten den Eingang.

Hektor war gerade im Begriff, den Graben hinter sich zu lassen, als ein Raubvogel erschien, der in seinen Klauen eine rötliche Schlange hielt. Diese war noch am Leben und biß dem Vogel in die Brust, der sie daraufhin in die Menge warf. Beim Anblick der Schlange riet Polydamas, die Aktion abzubrechen: So wie der Vogel nun verletzt und ohne Beute zu seinen Jungen heimkehren müsse, so würden auch sie selbst nur mit schweren Verlusten und ohne Gewinn in die Stadt zurückkehren, wenn sie versuchten, den Wall zu überwinden. So kurz vor dem Ziel ließ sich Hektor jedoch nicht beirren, und mit Hilfe von Sarpedon, einem Sohn des Zeus, rissen die Trojaner die Brüstung nieder.

Der Gegenwehr des »großen« Ajax sowie Teukros' Bogenschießkunst war es zu verdanken, daß Hektors Mannen aus der Erstürmung des Walls zunächst keinen Nutzen ziehen konnten: *Also schwebte die Schlacht auch hier in gleichem Gewichte,*

bis der Kronide den höheren Ruhm dem Hektor gewährte, Pria-
mos' Sohn, der zuerst in den Wall der Achaier hineinsprang.

Er nahm einen Felsstein und schleuderte ihn mit solcher
Wucht gegen das Tor, daß die Angeln barsten und die Riegel
das Tor nicht länger verschlossen halten konnten.

… Nun sprang der strahlende Hektor
Finsteren Blickes hinein, wie die schwebende Nacht, in des
Erzes
Schrecklichen Glanz den Körper gehüllt, und hielt in den
Händen
Beide Lanzen; kein einziger hätte zurück ihn gehalten,
Höchstens ein Gott …

Den Griechen blieb nur noch die Flucht zu den Schiffen.

Höchstens ein Gott …

Poseidon wachte in sicherer Entfernung zu seinem Bruder
Zeus auf dem höchsten Gipfel der gebirgigen Insel Samo-
thrake und verfolgte betrübt den Verlauf der Schlacht. Zeus
indessen, der noch immer auf dem Idagebirge saß, wurde
unaufmerksam. Außerdem verlor er das Interesse an der
Schlacht. Er hatte seinen Günstling Hektor das letzte Hin-
dernis – den Wall – überwinden lassen, der Rest wäre Form-
sache. Die anderen Götter saßen, so glaubte er, wie befohlen
auf dem Olymp und hielten ihre Füße still.

Möglich auch, daß Zeus, der eigentlich gerne seinen Frieden
gehabt hätte, das schreckliche Szenario nicht mehr mit ansehen wollte, das er selbst heraufbeschworen hatte. So ließ er, um
sich an etwas Schönem zu erfreuen, seine Blicke über die Län-
der der Thrakier bis hinüber zu denen der Mysier schweifen.

Poseidon aber verfolgte aufmerksam die Schlacht, und als
er sich von Zeus unbeobachtet glaubte, eilte er mit vier mächtigen Götterschritten nach Ägä, wo sich in den Tiefen des
Wassers ein ihm zu Ehren errichteter goldener Palast befand.

71

Nicht nur der Palast war aus Gold: Poseidons Rüstung und der Wagen, die dort auf ihn warteten, waren ebenfalls golden, außerdem die Geißel des Wagens. Und wenn auch die Pferde selbst, die er vor seinen Wagen spannte, schwerlich aus Gold sein konnten, so hatten doch wenigstens ihre Mähnen die entsprechende Farbe. Mit seinem Luxusstreitwagen gelangte er im Handumdrehen ins griechische Lager: *Freudig trat auseinander das Meer, und die fliegenden Rosse trugen ihn, ohne daß unten die eherne Achse genetzt ward, rasch zu den Schiffen der Danaer fort mit sicheren Sprüngen.*

In der Gestalt des Sehers Kalchas trat Poseidon an den »kleinen« und den »großen« Ajax heran, ermutigte sie zum Kampf und berührte sie mit seinem Stab, was sie auf der Stelle mit *Kräften und Kühnheit* erfüllte.

Daß Götter sich ein anderes Aussehen gaben, um den Menschen gegenüberzutreten, war keine Seltenheit. Meist aber wurden sie trotzdem erkannt – jedenfalls von denen, die sie erkennen sollten. So auch diesmal: Als sich Poseidon von den beiden entfernte, um die anderen Kämpfer zu unterstützen, erkannte ihn der »kleine« Ajax an seinem göttlichen Gang, und ihm wurde klar, daß ihnen soeben die unerwartete Unterstützung eines der allerhöchsten Götter zuteil geworden war. Sofort scharten sie freudig die anderen um sich und traten Hektor entgegen. Der hatte, auf Zeus' Beistand vertrauend, angenommen, daß es ein leichtes sein würde, bis zum Strand vorzudringen, und wunderte sich jetzt über den unerwartet standhaften Gegner.

Im folgenden Gefecht tötete Hektor einen Enkel Poseidons, nämlich Amphimachos, der zur Unterstützung der Griechen vierzig Schiffe aus Lydien beigesteuert hatte; Hektors Lanze, die eigentlich Teukros hätte treffen sollen, durchbohrte ihm die Brust. Ajax konnte eben noch verhindern, daß Hektor seinem Opfer den Helm vom Kopf riß (schon damals eine beliebte Trophäe).

Der Tod seines Enkels erfüllte Poseidon mit Zorn. Er ver-

stärkte seine Bemühungen und spornte Idomeneus mit deut-
lichen Worten zum Kampf an: »Lieber den Hunden morgen
als Spielzeug dienen, als sich heute vor dem Kampf drücken!«

Sein Aufruf verhallte nicht wirklungslos. Idomeneus stürzte
sich *wie Flammen gewaltig* ins Gefecht und hieb seine Gegner,
die vor Entsetzen wie gelähmt waren, gleich reihenweise nieder.

Außer Gefecht

Der »kleine« Ajax, Sohn des lokrischen Königs Oileus, galt
nach Achilleus als schnellster Läufer bei den Griechen. Wie so
viele hatte auch er einst um Helena geworben und war bei
Ausbruch des Krieges mit vierzig Schiffen nach Troja gekommen. Die mit ihm gereisten Lokrer verfügten nicht über
Helme, Rüstungen und Schilde wie die anderen, sondern
mußten sich auf ihre Bogen und Schleudern aus Schafswolle
verlassen. Den gutgerüsteten Kämpfern Hektors hatten sie
im Nahkampf nichts entgegenzusetzen, versuchten aber aus
der Not eine Tugend zu machen und zogen sich in die zweite
Reihe zurück, von wo sie die Trojaner mit ihren Pfeilen und
Geschossen immer wieder in Verlegenheit brachten.

An der Seite seines großen Namensvetters gelang es Ajax,
Hektor von den Schiffen fernzuhalten. Dieser hatte keine Ahnung, daß auf der linken Seite inzwischen ein griechisches Über-
gewicht drohte. Sein Freund Polydamas unternahm einen weiteren Versuch, den Heißsporn zur Besonnenheit zu bewegen:

Allseits umgibt dich der Ring des entfesselten Krieges.
Aber die mutigen Troer, nachdem sie die Mauer erstiegen,
Zogen sich teils vom Gefechte zurück mit den Waffen; die
*   anderen*
Kämpfen, die wenigen gegen so viele, zerstreut bei den Schiffen.
Auf, und zieh dich zurück und berufe die Edelsten alle,
Daß wir vereint den Plan im ganzen uns reiflich bedenken.

Erstaunlicherweise überzeugten Hektor diesmal die Argumente seines besonnenen Beraters. Er übergab die Führung seines Bataillons an Polydamas und lief zu den anderen, um sie zum Rückzug zu ordnen. Mit Entsetzen mußte er dabei feststellen, daß Deïphobos, Helenos, Adamas und Asios nirgends zu finden waren. Im Schlachtgewühl aber begegnete ihm Paris.

Unglücksparis, du Held von Gestalt und Mädchenverführer! rief er seinen Bruder an und fragte ihn nach den Vermißten.

Als Paris ihm entgegnete, daß Deïphobos und Helenos verletzt und die anderen getötet worden seien, kehrten sie gemeinsam zum Hauptschlachtplatz zurück, um die Kämpfer zusammenzuziehen und mit vereinten Kräften gegen die Griechen zu drängen. Doch Ajax und seine Männer waren gleichfalls entschlossen, und so erhob sich *beider Geschrei … zum Äther und Glanz des Kroniden.*

Der weise Nestor saß unterdessen mit dem verletzten Machaon im Zelt und sorgte sich angesichts des näher kommenden Schlachtlärms.

»Trink du weiter und laß dir ein heißes Bad machen, ich erkunde in der Zwischenzeit die Lage«, sagte er zu dem Arzt und stieg auf einen nahe gelegenen Hügel, um sich einen Eindruck vom Stand der Schlacht zu verschaffen. Schockiert erkannte er, daß die Trojaner bereits den Wall überwunden hatten, und als wäre das nicht schlimm genug, kamen ihm auch noch die verletzten Agamemnon, Diomedes und Odysseus entgegen. Agamemnon war zur Kapitulation bereit: Er schlug vor, möglichst viele Schiffe zu Wasser zu lassen und im Schutz der Nacht zu fliehen.

Odysseus traute seinen Ohren nicht und fand in seiner Erregung nur verächtliche Worte für den Völkerfürsten:

Schweig, damit kein andrer im Volk von Argos es höre,
Dieses Wort, das schwerlich ein Mann im Munde wohl führte,
Der es verstünde im Herzen, die passenden Worte zu wählen,
Weil er das Zepter trägt und über so viele der Völker
Herrscht, wie du …

Diomedes mischte sich ein: Er sei zwar der jüngste unter ihnen, weshalb ihm eigentlich nicht zustehe, Ratschläge zu erteilen, trotzdem plädiere er dafür, zu den Kämpfenden zurückzukehren. Sie müßten ja nicht unbedingt in vorderster Reihe kämpfen, schließlich seien sie verletzt; doch hätten sie die Pflicht, ihre Verbündeten wenigstens moralisch zu unterstützen. Sein Vorschlag fand allgemeine Zustimmung, und mit Poseidons Hilfe, der sie in Gestalt eines alten Kriegers anspornte, machten sie kehrt.

Der Gürtel der Aphrodite

Das wirkungsvollste Instrument, das der Göttin der Liebe zur Verfügung stand, um die Herzen der Menschen zu erobern (oder was man gemeinhin dafür hält), war ihr Gürtel – eine Art Schal, in den in schillernder Farbenpracht die Reize des Liebeszaubers eingewebt waren: Begierde, betörendes Geflüster und schmeichelnde Bitte, die *selbst dem Verständigsten raubt die Besinnung.* Immun gegen die Kraft des Gürtels waren einzig die eiserne Jungfrau Artemis, Athene, der nichts den Verstand rauben konnte, und Hestia, die Göttin der heimischen Feuerstelle, deren griechischer Name in der Übersetzung »Herd« bedeutet, womit alles gesagt sein dürfte.

Als Hera nun vom Olymp herabblickte und Poseidon in der Schlacht toben sah, freute sie sich, daß auch er nicht tatenlos hatte mit ansehen können, wie Zeus die Griechen ins Verderben stürzte. Ihr Mann aber saß noch immer auf dem Idagebirge, und *er ward ihr verhaßt in der Seele.* Sie überlegte, wie sie Zeus' Aufmerksamkeit dauerhaft ablenken könne, und besann sich auf ihre weiblichen Reize; verführerischen Frauen hatte ihr Stelzbock von einem Mann noch nie widerstehen können. Sie wusch sich mit Ambrosia, salbte sich mit einem Öl, dessen Duft gleich Himmel und Erde erfüllte, ondulierte sich die Haare, zog ihr schönstes Kleid an, Ohrringe, schicke Schuhe – das ganze Programm.

Dann ging sie zu Aphrodite: »Kannst du mir nicht deinen Gürtel leihen? Ich möchte Okeanos und Thetis besuchen, die mich großgezogen haben«, log sie ungeniert. »Seit langem schon sind sie zerstritten. Ich dachte mir, wenn ich sie dazu bringen kann, sich in Liebe zu vereinen, dann versöhnen sie sich vielleicht wieder.«

Für Patienten, die durch die Kraft der Liebe kuriert werden sollten, hatte Aphrodite stets etwas übrig; mit Wohlwollen händigte sie ihrer Stiefmutter den Gürtel aus.

Hera schwang sich sogleich vom Olymp herab und eilte nach Lemnos, einer Insel im Ägäischen Meer auf der Höhe von Troja; dort suchte sie den leiblichen Bruder des Todes auf – den Schlaf – und versprach ihm, daß Hephaistos ihm einen goldenen Sessel fertigen lassen würde, wenn er sich bereit fände, Zeus einzuschläfern, sobald sie sich zu ihm gelegt hätte. Ein goldener Sessel von Hephaistos war eine schöne Sache, aber der Schlaf hatte mit Zeus schlechte Erfahrungen gemacht und lehnte dankend ab. Hera zog alle Register: »Ich gebe dir auch eine der Grazien zur Frau – Pasithea.«

Die Göttinnen der Anmut machten das Leben erst lebenswert. Durch sie kamen sanfte Freude, Scherz und Frohsinn ins Leben – und auf Pasithea war der Schlaf schon immer scharf gewesen.

»Versprichst du es?« fragte er Hera.

Hera schwor es.

»Laß uns gehen.«

Um von Zeus unbemerkt zu bleiben, versteckte sich der Schlaf in der Spitze der höchsten Tanne, während Hera sich mit Aphrodites Schal zu ihrem Mann begab, den sogleich die Liebesbrunst ergriff.

»Ich bin nur vorbeigekommen, um dir Bescheid zu geben, damit du nicht grollst, wenn du mich hier unten auf der Erde siehst«, zwitscherte sie und tischte ihrem Mann dieselbe Geschichte auf wie zuvor Aphrodite.

»Zu Thetis und Okeanos kannst du doch später noch«,

sagte Zeus, der kaum mehr an sich halten konnte. »Wir wollen uns zuvor in Liebe vereinen, denn noch nie habe ich eine solche Lust empfunden wie gerade jetzt.«

»Was ist denn in dich gefahren«, entgegnete Hera. »Hier oben, wo jeder uns sehen kann? Die anderen auf dem Olymp würden sich die Mäuler zerreißen. Laß uns lieber in dein Gemach gehen, das Hephaistos extra für dich gemacht hat.«

Doch Zeus' Begierde war zu groß für Umwege, und so hüllte er Hera und sich kurzerhand in eine undurchdringliche Wolkendecke. Auch gut, dachte sich Hera, Hauptsache, er bekommt nichts von der Schlacht mit. Wenig später schlummerte er *ganz von Liebe benommen und Schlaf, in den Armen der Gattin*. Als die Kunde vom eingeschläferten Zeus Poseidon erreichte, stellte sich dieser sogleich an die Spitze der griechischen Streiter und leitete einen Gegenangriff ein.

Als Beispiel der schonungslosen Detailtreue, mit der Homer sein Publikum insbesondere bei Beschreibungen des Schlachtgeschehens konfrontierte, hier stellvertretend für so viele andere der Tod des Trojaners Ilioneus durch den für die Griechen kämpfenden Böotier Peneleos:

Unter den Brauen traf er ihn tief in das Bett seines Auges,
Schlug den Apfel heraus, und der Speer, das Auge durchbohrend,
Fuhr durch den Nacken; schon saß er mit ausgebreiteten Armen.
Aber Peneleos zückte das Schwert und schlug mit der Schneide
Mitten hinein in den Hals und schmetterte nieder zur Erde
Samt dem Helme den Kopf; noch stak die gewaltige Lanze
Tief im Auge; nun hob er ihn hoch wie das Haupt eines Mohnes,
Zeigt' ihn den troischen Kriegern …

Dem »großen« Ajax gelang es, Hektor mit einem Stein zu verwunden; unter dem Schutz von Polydamas, Äneas, Sarpedon, Glaukos und Agenor mußte er daraufhin aus der Schlacht getragen werden. Die Griechen konnten ihr Glück kaum fassen. Eben noch hatten sie hoffnungslos mit dem

Rücken zur Wand gestanden, jetzt war plötzlich die trojanische Gallionsfigur außer Gefecht. Von neuer Hoffnung erfüllt, stürmten sie mit letzter Kraft gegen den Feind.

Die Rache des Zeus

Aber nachdem sie den Graben durcheilt und die spitzigen Pfähle,
Flüchtend, und mancher gefallen schon war von der Danaer
Händen,
Da nun machten sie endlich halt, bei den Wagen verweilend,
Blaß vor Angst und erschrocken. Doch Zeus erwachte vom
Schlummer ...

Zeus rieb sich noch den Schlaf aus den Augen, als er seinen Bruder Poseidon im Getümmel erblickte, und er ahnte, daß die neben ihm liegende Hera ihn hereingelegt hatte. Seine erste Reaktion war, ihr drakonische Strafen anzudrohen: Hatte sie etwa schon vergessen, wie er sie damals, als sie seinen Sohn Herakles in Lebensgefahr gebracht hatte, an den Händen gefesselt in der Luft aufgehängt hatte, an jedem Fuß einen Amboß? Und wie jeder Bewohner des Olymp, der ihr beizustehen versucht hatte, von Zeus besinnungslos zur Erde geschleudert worden war?

Hera mußte sich schnell eine Ausrede einfallen lassen: »Aber Geliebter«, sagte sie, »ich schwöre es bei allem, was mir heilig ist: Ich habe keine Ahnung, wie Poseidon dazu kommt, den Trojanern zu helfen. Das muß seine eigene Idee gewesen sein. Ich hätte ihn niemals dazu aufgefordert, gegen deine Weisung zu handeln.«

Das nahm Zeus fürs erste den Wind aus den Segeln, und er sandte Hera zum Olymp, daß sie ihm Iris und Apollon schicke. Als die bei Zeus eintrafen, sandte er Iris mit einer letzten Warnung zu Poseidon und Apollon zu dem verwundeten Hektor, um ihm wieder auf die Beine zu helfen.

Poseidon war tief beleidigt, als Iris ihm Zeus' Nachricht überbrachte, und redete sich in Rage: Wieso sollte er sich bei allem und jedem immer dem Willen seines kleinen Bruders beugen? Er war es leid, sich ständig bevormunden zu lassen, bloß weil damals, als ausgelost worden war, wer von ihnen welchen Teil der Welt beherrschen sollte, Zeus der Himmel zugefallen war und ihm, Poseidon, das Meer. Wer sagte denn, daß der Himmel so viel wichtiger war als das Meer? Und außerdem: Die Erde stand ihm genauso zu wie Zeus. Nein, das Maß war voll, diesmal würde er sich Zeus nicht fügen!

Iris hörte sich das alles geduldig an, dann entgegnete sie: »Sag mal, ist das dein Ernst? Soll ich Zeus wirklich diese Antwort überbringen?«

»Nein nein, ist ja schon gut«, wiegelte Poseidon ab und *ging, in die Fluten zu tauchen, und wurde vermißt von den Helden.*

Apollon hatte Hektor inzwischen wieder in die Schlacht geschickt. Als die Griechen den Führer der Feinde so schnell im Kampf zurück sahen, *wurden sie starr, und allen sank das Herz vor die Füße*, denn das konnte nur bedeuten, daß Hektor in den Genuß himmlischen Beistandes gekommen war. Es wurde beschlossen, daß das Heer sich zu den Schiffen zurückziehen sollte, während die Tapfersten – die beiden Ajax', Idomeneus, Teukros, Meriones u.a. – den trojanischen Ansturm so lange wie möglich abwehren sollten.

Unter Hektors Führung rückten die Trojaner mit allem an, was ihnen noch zur Verfügung stand. Einzig Apollon ging vor Hektor, stieß markerschütternde Schreie aus und schwenkte den schrecklichen Aigis, einen Schild, den Hephaistos für Zeus geschmiedet hatte, um die Menschen das Fürchten zu lehren. Die Griechen waren chancenlos, viele traf das Verderben bereits auf der Flucht zu den Schiffen.

Apollon trat mit Leichtigkeit den Graben ein und schüttete den Trojanern eine Brücke auf, anschließend riß er den Schutzwall nieder und trieb die Angreifer zu den Schiffen, wo die Griechen ihr Todesurteil erwarteten. Viele hatten sich bereits auf die Boote geflüchtet und versuchten, mit langen Stangen, die eigentlich für die Seeschlacht bestimmt waren, dem trojanischen Ansturm zu trotzen und das Entzünden ihrer Fahrzeuge zu verhindern.

Patroklos hatte bis zu diesem Zeitpunkt im Zelt des verletzten Eurypylos gesessen und dessen Wunde versorgt; jetzt aber trieb es ihn zu seinem Freund Achilleus auf das abseits gelegene Schiff. Er wollte einen letzten Versuch unternehmen, ihn umzustimmen.

Unterdessen verhärteten sich die Fronten: Mit Ajax als Feldherr auf der einen und Hektor auf der anderen Seite lieferten sich die Truppen einen erbitterten Kampf. Zeus, der sich noch immer an das Versprechen hielt, das Thetis ihm abgerungen, hatte inzwischen eine weitreichende Entscheidung getroffen: Er würde Hektor und seine Kämpfer so lange begünstigen, bis es diesen gelänge, eines der Schiffe in Brand zu setzen – mehr Sühne durfte Thetis für die erlittene Schmach ihres Sohnes Achilleus nicht erwarten.

So kam es, wie es kommen mußte: Hektor sprang, *von Feuer umstrahlt ins dichte Getümmel und fiel ein, wie die reißende Woge, vom Winde geschwollen.*

Und die Argeier wichen zurück von den vordersten Schiffen, Notgedrungen, doch hielten sie stand am Platz bei den Zelten, Dichtgeschart, und zerstreuten sich nicht im Lager; es hielt sie Scham und Furcht; sie riefen sich unablässig einander.

Der »große« Ajax bäumte sich auf:

So nun eilte dahin über viele Verdecke der Schiffe Ajas, mächtigen Schritts, und es tönte sein Ruf bis zum Äther. Immer trieb er die Danaer an mit furchtbarer Stimme, Daß sie die Schiffe und Zelte verteidigten …

Doch als Hektor bis zum Schiff des Protesilaos vordringen konnte, fürchteten die Griechen, dies bringe die endgültige

Entscheidung, während die Trojaner im Geiste bereits die gesamte griechische Flotte in Flammen aufgehen sahen.

»Feuer her!« befahl Hektor, der das Schiff nicht mehr loslassen wollte, doch Ajax hatte über ihm Position bezogen und streckte mit seiner mächtigen Lanze jeden nieder, der versuchte, Hektor eine Fackel zu reichen.

Patroklos

Also kämpften sie jetzt beim stattlichen Borde des Schiffes.
Aber Patroklos trat zum Hirten der Völker Achilleus,
Heiße Tränen vergießend …

»Wie kannst du nur so tatenlos diesem Elend zusehen?« fragte Patroklos seinen Freund. »Ich hoffe nur, daß ich niemals von einem solchen Haß erfüllt sein werde. Man möchte meinen, daß nicht Thetis und Peleus deine Eltern sind, sondern daß dich die finsteren Fluten und ragenden Felsen gezeugt haben, so starrsinnig und gefühllos, wie du bist. Laß wenigstens *mich* in die Schlacht ziehen, an der Spitze deiner Krieger, und laß mich deine Rüstung nehmen, das wird die Trojaner verwirren!«

Nach den harschen Worten seines besten Freundes war Achilleus tief in seiner Eitelkeit gekränkt. Trotzdem erlaubte er Patroklos, seine Männer, die dem Kampf so lange ferngeblieben waren, in die Schlacht zu führen. Seine größte Sorge dabei galt übrigens nicht, wie man annehmen sollte, dem Wohl seiner Landsleute, sondern der Möglichkeit, daß ein anderer sich Ruhm erringen könnte.

Er mahnte Patroklos: »Wenn du die Trojaner erfolgreich von den Schiffen vertreiben solltest, laß dir ja nicht einfallen, ohne mich weiter zu kämpfen. *Du würdest die Ehre mir nehmen!*«

In der Zwischenzeit wurde die Luft um Ajax dünner: *Immer schwerer ging ihm der Atem; herab von den Gliedern allen troff ihm reichlich der Schweiß, und Atem zu schöpfen ward ihm verwehrt; so drängte sich überall Schrecken zu Schrecken.* Als Hektor ihm auch noch mit dem Schwert die Spitze seiner Lanze abschlug, konnte Ajax das Schiff nicht länger verteidigen. Er zog sich zurück, und endlich konnte Hektor das Schiff in Brand setzen.

Patroklos legte sich indes Achilleus' Rüstung an, die wuchtige Lanze seines Freundes aber ließ er stehen; niemand außer Achilleus vermochte sie zu schleudern. Achilleus selbst ordnete seine Truppe in fünf Bataillone, denen er je einen Führer voranstellte. Den Oberbefehl erhielten Patroklos und dessen Vertrauter Automedon.

Im Augenblick größter Not ließ sich Achilleus erstaunlich viel Zeit: Während unerbittlich die Schlacht tobte und die 2 500 Krieger nervös auf das Signal zum Aufbruch warteten, ging er in sein Zelt, öffnete die Truhe seiner Mutter Thetis, kramte einen Becher hervor, wusch und polierte ihn mit Schwefel, wusch sich selbst gründlich die Hände, füllte den Becher mit Wein, trat in die Mitte des Hofes und entleerte ihn auf den Boden. Dabei bat er Zeus um Schutz und Beistand für den Kampf und daß Patroklos unversehrt wieder zurückkehren möge. Dann erst durften seine Gefolgsleute, Myrmidonen genannt, zum Kampf stürmen. Zeus hatte Achilleus' Worte wohl vernommen, doch von seinen beiden Wünschen sollte er ihm nur einen gewähren.

Patroklos' Rechnung schien aufzugehen:

Als nun die Troer den tapferen Sohn des Menoitios (Patroklos)
  sahen,
ihn und seine Genossen, gerüstet in schimmernde Waffen,
Regte sich allen das Herz, und die Reihen begannen zu
  schwanken;
Glaubten sie doch, es hätte beim Schiff der schnelle Pelide
  (Achilleus)
Abgeschüttelt den Zorn und wieder zum Freunde sich
  gewandt.

Wie ein plötzliches Unwetter brach Patroklos über die Trojaner herein, die sich schon am Ziel gesehen hatten. Hektor
und seine Gefolgsleute mußten das halbverbrannte Schiff
zurücklassen und schleunigst die Flucht ergreifen. Dabei ging
jede Ordnung verloren, viele der Streitwagen zerbrachen im
Graben und ließen wehrlose Opfer zurück.

Patroklos umkreiste die Flüchtigen und schnitt ihnen den
Weg zur Stadt ab. Zwischen den Schiffen und dem Fluß trieb
er sie in die Enge und metzelte sie nieder. Es kam zu einer direkten Konfrontation mit Sarpedon. Zeus wurde das Herz
schwer, als er seinen Sohn im Kampf sah, und er überlegte, ob
er ihn nicht verschonen sollte, aber Hera hatte das Heft schon
wieder in der Hand.

»Das wäre ja noch schöner!« wetterte sie. »Wenn du Sarpedon unbedingt verschonen willst – bitte! Aber eins kann ich
dir sagen, die anderen Götter werden alles andere als begei-
stert sein. Da unten gibt es einige Kämpfer göttlicher Abstammung, deren Eltern werden für ihre Kinder dasselbe
Recht einfordern.«

Zeus gab klein bei, und Patroklos fällte seinen Sohn wie
eine Eiche.

Glaukos war in doppelter Hinsicht tief getroffen: von Sarpedons Tod sowie von einem Pfeil des Bogenschützen Teukros. Er flehte Apollon an, wenigstens um Sarpedons Leiche
kämpfen zu dürfen. Der Gott konnte ihm die Bitte nicht versagen, *stillte plötzlich die Schmerzen und ließ an der furchtbaren Wunde gleich gerinnen das Blut und füllte mit Mut ihm
die Seele.* Glaukos holte sich Äneas und Hektor heran, und
sofort entbrannte ein heftiger Kampf um Sarpedons Leichnam. Das Gefecht wogte so schwer, daß Sarpedon schließlich völlig von Blut, Staub, Waffen und Gefallenen bedeckt
war.

Hektor mußte zurückweichen, und die Griechen nutzten die Gelegenheit, um Sarpedons Rüstung und Pferde zu
erbeuten. Zeus aber ertrug den Anblick des nackt im Staub

liegenden Leichnams nicht länger und trug Apollon auf, ihn aus der Schlacht zu bergen. Anschließend sollte er ihn waschen, salben und den Zwillingsbrüdern Schlaf und Tod überantworten, damit diese ihn in seiner Heimat Lykien beisetzten.

Patroklos hatte die warnenden Worte von Achilleus in den Wind geschlagen; Automedon und er setzten den Trojanern nach und drangen bis zur Stadtmauer vor. Die allerdings wurde von Apollon bewacht. Dreimal ließ der Patroklos gegen die Mauer anrennen, beim vierten Mal aber donnerte er ihm entgegen, daß es ihm nicht bestimmt sei, die Festung der Trojaner zu bezwingen, was Patrokolos dann auch einsah.

Hektor und sein Lenker Kebriones, die am Skäischen Tor gelauert hatten, stürmten jetzt zu Patroklos hinüber. Das kriegerische Treiben um ihn herum nahm Hektor gar nicht mehr wahr; er wollte nur noch eins – Patroklos. Der war vom Wagen gesprungen und schleuderte dem herannahenden Gespann einen Stein entgegen, der Kebriones den Schädel spaltete und ihn vom Wagen riß.

»Seht nur, wie sportlich Hektors Wagenlenker ist«, höhnte Patroklos. »So schnell habe ich noch niemanden in der Tiefe verschwinden sehen. Er sollte sich als Austernfischer versuchen.«

Er wollte dem Getöteten Waffen und Rüstung abnehmen, doch Hektor sprang ebenfalls vom Wagen; kampflos würde er Patroklos den Leichnam seines treuen Wagenlenkers nicht überlassen. Während um sie herum die Schlacht tobte, standen sie wie zwei Löwen im Streit um ein erlegtes Wild. Hektor hielt Kebriones am Kopf, Patroklos zog an dessen Füßen. Lange blieb der Kampf in der Schwebe, doch als sich gegen Mittag die Griechen überlegen zeigten, konnten sie Kebriones erbeuten und ihm die Rüstung entreißen.

Patroklos stürmte weiter blindwütig gegen das Heer der Trojaner, die Mahnung Achilleus' war in den Wirren des Gefechts gänzlich in Vergessenheit geraten. Dreimal drang er in die gegnerischen Reihen vor, jedesmal erlegte er neun seiner

Feinde. Beim vierten Vorstoß aber ereilte ihn selbst das Schicksal: Apollon persönlich, in Nebel gehüllt, schlug ihm von hinten zwischen die Schulterblätter. Anschließend riß er dem Taumelnden den Helm vom Kopf, zerbrach seine Lanze und löste ihm die Rüstung.

So war er für Euphorbos, einen Bruder Polydamas' und bekannt für seinen Umgang mit der Lanze, ein gefundenes Fressen. Er stieß Patroklos den Speer in den Rücken, woraufhin der Verwundete in die eigenen Reihen zu flüchten versuchte. Hektor erkannte seine Chance: Er jagte Patroklos durch die Reihen nach, ganz auf sein Ziel fixiert, und durchbohrte ihn mit seiner Lanze.

»Du Narr«, frohlockte Hektor jetzt, »hast du wirklich geglaubt, du könntest im Alleingang Troja erobern und unsere Frauen ihrer Freiheit berauben?«

Selbst im Tod behielt Patroklos seinen Stolz. Entkräftet entgegnete er Hektor: »Du Angeber! Feinde wie du hätten mir zwanzig begegnen können! Jetzt brüstest du dich damit, mich besiegt zu haben, dabei mußten erst Apollon mich wehrlos machen und Euphorbos mich verwunden, bevor *du* etwas gegen mich ausrichten konntest. Achilleus wartet schon auf dich!«

Hektor stellte sich über sein Opfer, zog den Speer aus der Wunde und rief dem Sterbenden in den Tod hinterher:

Patroklos, was verkündest du mir ein jähes Verderben?
Denn wer weiß, ob Achilleus, der Sohn der lockigen Thetis,
Eher nicht fällt, von meiner Lanze zu Tode getroffen?

Der Kampf um die Leiche

Erbittert stritten Menelaos und Euphorbos um Patroklos' Leiche. Euphorbos brannte darauf, seinen Bruder Hyperenor zu rächen, den Menelaos zuvor in der Schacht getötet hatte.

»Ich werde deinen Kopf zu meinen Eltern tragen, das wird ihren Kummer erleichtern«, ließ er Menelaos wissen und rannte gegen ihn an. Der aber konnte den Angriff abwehren und stieß Euphorbos kurzerhand seinen Speer durch den Schlund.

Sofort war Hektor zur Stelle, um die Leiche seines Mitstreiters zu sichern. Menelaos aber wollte nicht weichen, denn das hätte bedeutet, nicht nur die Rüstung seines Opfers, sondern auch Patroklos zurückzulassen. Ein Kampf mit dem angreifenden Hektor aber hatte wenig Aussicht auf Erfolg, zumal ihm eine Kriegerschar folgte. Er wog kurz Ehre gegen Leben ab, dann eilte er davon, um sich bei Ajax Unterstützung zu holen.

Hektor hatte Patroklos bereits Achilleus' Rüstung abgenommen und wollte ihm gerade den Kopf abschlagen, als Ajax und Menelaos wieder eintrafen. Beim Anblick des riesigen Ajax, der seinen mächtigen Schild wie ein Bollwerk vor sich her schob, wurde selbst Hektor bange, und er suchte Zuflucht in den Reihen seiner Mitstreiter. Glaukos, der Führer der Lykier, empfing ihn mit einer Moralpredigt: »*Hektor, so schön wie du bist, so läßt du es fehlen im Kampfe! Nur vergänglicher Ruhm erhöht dich zagenden Flüchtling!* Mit Patroklos als Unterpfand hätten wir den Griechen Sarpedons Rüstung abfordern können, aber du bist zu feige, dich mit Ajax zu messen. Die ganze Zeit kämpft mein Volk für deinen Ruhm, ohne daß jemand es uns danken würde. Wenn es nach mir ginge, würden wir nach Hause zurückkehren, und du könntest sehen, wo du bleibst.«

»An Überheblichkeit mangelt es dir ja nicht gerade«, versetzte Hektor, der sich alles vorwerfen ließ, aber nicht mangelnden Kampfeswillen, und der im Moment nichts weniger gebrauchen konnte als abtrünnige Verbündete.

»Wie konnte ich dich nur für einen schlauen Mann halten?« fuhr er fort. »Du kannst dich ja im Kampf mir zur Seite stellen, dann wirst du schon sehen, wie feige ich bin.«

Er tauschte seine Rüstung gegen die geraubte des Achilleus – eine Anmaßung, die auch Zeus nicht entging – und beschwor seine Verbündeten: »Nicht für meinen Ruhm kämpft ihr hier, sondern um willigen Herzens die trojanischen Frauen und Kinder zu beschützen!« Und er lobte die Hälfte der Beute als Prämie für denjenigen aus, der Ajax Patroklos' Leiche entrisse.

Der ganze Tag stand im Zeichen des Kampfes um Achilleus' getöteten Freund. Wenn es um die Ehre ging, wollte im Altertum keiner hintenan stehen. Unter der Führung von Hektor und Äneas auf der einen und Menelaos und Ajax auf der anderen Seite kämpften die beiden Lager erbittert um den Toten:

Also tobte den ganzen Tag um die Männer des Kampfes hitziger Streit, und ermattet, vom rinnenden Schweiße beständig troffen jedem die Knie, die Schenkel und Füße darunter ... Also zerrten sie beiderseits dort auf der Stelle den Toten hin und her.

Währenddessen wartete Achilleus auf die Rückkehr des Freundes; von dessen Tod wußte er nichts. Die unsterblichen Pferde, die sein Vater Peleus als Geschenk von Poseidon erhalten und die Patroklos in den Kampf geführt hatte, standen abseits des Kampfes, hielten ihre Köpfe gesenkt und beweinten den Verlust ihres Wagenlenkers Patroklos. Zeus, der ungerührt dem Sterben Tausender Männer zugesehen hatte, wurde beim Anblick der niedergeschlagenen Rosse melancholisch und hatte einen seltenen philosophischen Moment:

Ärmste, warum nur schenkten wir euch dem Könige Peleus,
Euch, die unsterblichen, alterslosen, dem sterblichen Manne?
Wohl die Leiden zu teilen mit unglückseligen Menschen?
Denn kein anderes Wesen wirklich ist mehr zu bejammern
Als der Mensch von allem, was atmet und kriecht auf der Erde.

Er hauchte ihnen neuen Mut ein, und Automedon führte sie zurück in die Schlacht. Der Kampf um Patroklos hätte noch lange so weitergehen können, doch Zeus hatte sich dazu durchgerungen, Athene zur Verstärkung der Griechen nach Troja zu schicken, denn *es hatte sein Sinn sich gewandelt.* Das allein mußte allerdings beim wankelmütigen Zeus noch nichts heißen, und zunächst noch gewährte er den Trojanern den Erfolg.

Eigentlich hätten die Götter den Streit ohnehin unter sich austragen können: Während Athene in Gestalt des hochbetagten Phönix Menelaos unterstützte, trieb Apollon in Gestalt des Phänops Hektor zum Kampf. Den Ausschlag aber gab Zeus, der trotz seines grundsätzlich gewandelten Sinnes die ganze Szenerie in dichten Nebel hüllte und die Geschosse der Trojaner zielsicher auf ihre Feinde steuerte.

»Selbst ein Schwachkopf würde erkennen, daß Zeus die Trojaner begünstigt«, rief Ajax, dem nicht entging, das praktisch jede Lanze aus dem feindlichen Lager ein Opfer fand, und er flehte zu Zeus: »Wenn das unsere Bestimmung ist, so töte uns eben, aber befreie uns von dem Nebel, damit wir wenigstens im Licht der Sonne sterben können.«

Zeus war zu Tränen gerührt ob so viel Heldenmuts und verdrängte den Nebel. Im Licht des Tages konnte Menelaos Nestors Sohn Antilochos ausmachen, der von Patroklos' Tod noch keine Kunde erhalten hatte. Als er ihm davon berichtete, stockte Antilochos der Atem, und Tränen füllten seine Augen. Trotzdem folgte er Menelaos' Bitte und lief zu den Schiffen zurück, um Achilleus die traurige Nachricht zu überbringen.

Vor Äneas' und Hektors Übermacht stoben die entmutigten Griechen scharenweise in alle Himmelsrichtungen davon, gleichwohl gelang es einer Gruppe von ihnen, unter dem Schutz der beiden Ajax' Patroklos' Leiche aus der Schlacht zu tragen.

Thetis hatte ihrem Sohn einst verkündet, er werde den Tod des besten Myrmidonen erdulden müssen. Daran mußte Achilleus jetzt denken, als er sah, wie in der Ferne die Griechen wieder in Richtung ihres Lagers flohen. Ein schrecklicher Verdacht überkam ihn: Konnte Thetis seinen Freund Patroklos gemeint haben? Und hatte sich die grausame Weissagung jetzt erfüllt, weil Patroklos seine Worte mißachtet und den Kampf mit Hektor gesucht hatte? Seine Befürchtung wurde zur Gewißheit, als Antilochos außer Atem ins Lager gelaufen kam:

Sohn des feurigen Peleus, ach, nun mußt du die schwerste
Traurige Botschaft erfahren – o wär' es doch nie geschehen! –
Patroklos liegt nun tot, und sie kämpfen bereits um den
*   Leichnam,*
Nackt wie er ist, denn die Waffen besitzt der geschmeidige
*   Hektor.*

Der Schmerz um den Verlust seines geliebten Freundes übermannte Achilleus. Er fiel zu Boden, wälzte sich mit tränenverschmiertem Gesicht im Staub und überhäufte sich mit Asche. Die herbeigeeilten Sklavinnen waren vom Anblick des gebrochenen Mannes tief bewegt, und Antilochos, der weinend neben ihm kniete und ihn zu trösten versuchte, fürchtete sogar, er könne sich womöglich in seiner Trauer selbst die Kehle durchschneiden.

Achilleus' Schreie drangen bis auf den Grund des Meeres, wo sie Thetis in ihrer silbernen Grotte aufschreckten, die sofort die Nereiden um sich versammelte und, Schreckliches ahnend, mit diesen nach Troja eilte. Als sie dem Meer entstiegen, fanden sie Achilleus noch immer niedergeschmettert am Boden.

»Patroklos ist tot!« klagte er, »und Hektor hat ihm die Rüstung entrissen, die Peleus von den Göttern zu eurer Hochzeit bekommen hat.«

Der Haß stieg in ihm empor und verdrängte das erste Ohnmachtsgefühl: »Ich werde nicht eher ruhn, als bis Patroklos gerächt ist und Hektor tot im Staub liegt!«

Thetis und er wußten beide, was das bedeutete: Die Prophezeiung hatte ihm ewigen Ruhm oder ein langes Leben verheißen; er hatte sich soeben gegen das lange Leben entschieden. Thetis versuchte erst gar nicht, ihn umzustimmen. Sie bat ihn lediglich, noch bis zum nächsten Tag zu warten – in der Zwischenzeit würde sie ihm von Hephaistos eine neue Rüstung schmieden lassen. Während sie zum olympischen Schmiedemeister entschwand, entbrannte unweit der Schiffe erneut ein furchtbarer Kampf um Patroklos' Leiche. Selbst die beiden Ajax' konnten Hektor kaum mehr von dem Getöteten fernhalten.

Über kurz oder lang hätten sie die Leiche freigeben müssen, aber Hera hatte ihren Mut wiedergefunden und schickte hinter dem Rücken ihres Gatten Iris zu Achilleus, um den Trauernden zum Kampf um seinen gefallenen Freund zu bewegen.

»Du hast gut reden«, sagte Achilleus zu Iris. »Sieh mich doch nur an. Wie soll ich so kämpfen? Die einzige Rüstung, die mir vielleicht passen könnte, ist die von Ajax, aber die braucht er selbst.«

»Geh einfach zum Graben und zeige dich«, empfahl Iris.

Achilleus tat, wie ihm geheißen. Als er am Graben auftauchte, fuhr den Trojanern der Schrecken in die Glieder, wenngleich erwähnt werden sollte, daß Athene zuvor noch einen ansehnlichen Feuerkranz um seinen Kopf entzündet hatte, damit sein Erscheinen auch nicht die erhoffte Wirkung verfehlte:

Als sie nun hörten den ehernen Ruf des Aiakosenkels
  (Achilleus)
Regte sich allen (Trojanern) *das Herz, und die Rosse mit*
  prangenden Mähnen
Wandten die Wagen zurück, denn sie ahnten Leiden im Geiste.
Auch die Lenker erschraken, sobald sie das furchtbare Feuer
Rastlos über dem Kopf des hochgemuten Peliden
Brennen sahen, entflammt von der strahlenden Göttin Athene.

So gelang es den Griechen, Patroklos in Sicherheit zu bringen, ohne daß Achilleus zu den Waffen greifen mußte. Helios, der Sonnengott, wurde von Hera ins Meer befohlen, und die plötzlich hereinbrechende Nacht trennte die Lager und brachte den Griechen die langersehnte Atempause.

Neue Waffen

Als nun im trojanischen Lager Rat gehalten wurde, schlug Polydamas vor, die Nacht im Schutz der Stadtmauern zu verbringen. So nah bei den griechischen Schiffen das Lager aufzuschlagen war ihm nicht geheuer – jetzt, wo Achilleus sich wieder zurückgemeldet hatte.

Wie so oft schlug Hektor das Ansinnen seines Freundes aus: »Niemals werde ich das zulassen!« ereiferte er sich. »Du immer mit deinen zauberhaften Ratschlägen! Im Morgengrauen werden wir ihr Lager stürmen und den Krieg endgültig für uns entscheiden.«

Mit seiner feurigen Rede brachte Hektor die anderen hinter sich, und man richtete sich vor Ort für die Nacht ein.

Die Leiche seines Freundes in den Armen, stöhnte Achilleus auf der anderen Seite die ganze Nacht hindurch wie ein leidender Löwe.

Uns ist beiden bestimmt, die gleiche Erde zu röten, redete er zu dem toten Patroklos und versprach ihm, ihn nicht eher zu bestatten, als bis er, Achilleus, ihm Hektors Waffen und dessen Kopf gebracht habe.

Die Mutter des Trauernden suchte indes Hephaistos auf, der schwitzend über den Blasebälgen in seiner Werkstatt stand, wo er gerade dabei war, zwanzig goldene Kessel zu schmieden, die auf wundersame Weise von allein in die Götterversammlung hinein- und wieder herausfahren sollten – selbst für einen wie ihn ein kniffliges Unterfangen. Er freute sich herzlich über Thetis' Besuch; sie hatte ihn als Kind vor dem sicheren Tod bewahrt und neun Jahre lang in einer Grotte verborgen.

Thetis schilderte ihm die verzweifelte Lage ihres Sohnes und machte das, womit sie bereits bei Zeus erfolgreich gewesen war: Sie umfaßte seine Knie und flehte ihn an. Bei Hephaistos wäre das gar nicht nötig gewesen, er war dankbar, ihr seine Gunst bezeugen zu können, und machte sich gleich an die Arbeit. Zwanzig Blasebälge richtete er auf das Feuer und arbeitete gleichzeitig an mehreren Tiegeln mit unterschiedlichen Materialien. Auf dem Schild, den er für Achilleus schmiedete, waren Erde, Himmel und Meer abgebildet sowie die Sonne und der Mond, die Sterne, zwei blühende Städte … – alles in allem hatte er mehr Verzierungen als eine Kuppel im Petersdom. Der Panzer strahlte heller noch als Feuer, und den Helm zierte ein goldener Haarbusch; Hephaistos legte sich für seine Retterin mächtig ins Zeug.

Ein neuer Tag

Eos im Safrangewand stieg auf aus Okeanos' Fluten,
Göttern und sterblichen Menschen die Leuchte des Tages zu
*   bringen.*
Thetis kam zu den Schiffen, die Gaben des Gottes im Arme.

Als Thetis ihrem Sohn die neuen Waffen zu Füßen legte, erklang ein schreckliches Dröhnen, das alle außer Achilleus zurückschrecken ließ. Es schien, als hätte Hephaistos die Waffen tatsächlich *nur* für Achilleus geschmiedet. Der lief sogleich am Gestade entlang und rief die Griechen zur Versammlung. Alle, selbst Köche und Steuermänner, die sonst bei den Schiffen verblieben, folgten seinem Ruf. Als letzter erschien der verwundete Agamemnon.

Achilleus hielt sich nicht mit langen Reden auf: »Viele Achaier haben ihr Leben lassen müssen, weil ich so lange auf meinem Zorn beharrte. Jetzt aber bin ich bereit, den Zwist ruhen zu lassen und mein Herz zu bezähmen« – und mit einem Seitenblick auf Agamemnon –, »so schlimm die Kränkung auch gewesen sein mag.«

Agamemnon erhob sich mühsam und stützte sich auf seine Lanze. Bei Achilleus' Worten war ihm ein Stein vom Herzen gefallen, aber da er ein Mann war, dem Schuldeingeständnisse

Unmögliches abverlangten, schwang er sich zu einer ausgedehnten Rede auf, um seine Unschuld darzulegen: »Ich kann
nichts dafür«, beteuerte er. »Zeus war's. Der hat mich damals
so sehr mit Habgier verblendet, daß ich einfach nicht anders
konnte, als mir Briseis zu nehmen, ehrlich.«

Obendrein gab er sich gönnerhaft: Die versprochenen Geschenke sollte Achilleus natürlich trotzdem bekommen.

»Deine Geschenke kannst du von mir aus behalten«, sagte
Achilleus, der seine moralische Überlegenheit demonstrieren
wollte. »Wir haben Wichtigeres zu tun, als unsere Zeit mit Reden zu vergeuden.«

Odysseus ergriff das Wort: »Im Kampf bist du unzweifel-
haft der Mächtigste von uns allen, doch laß dir von einem erfahrenen Mann wie mir raten, die Kämpfer nicht ungestärkt
in die Schlacht zu schicken. Selbst dem Tapfersten versagen
die Beine den Dienst, wenn er ohne Essen den ganzen Tag
kämpfen soll.«

So wurde zunächst das Heer versorgt, während die Oberen
zu Agamemnons Zelt gingen, wo Achilleus die versprochenen Geschenke empfing und Briseis zurückerhielt. Agamemnon schwor, sie niemals angetastet zu haben.

Zurück in seinem eigenen Zelt, wurde Achilleus beim An-
blick von Patroklos' Leichnam wieder von Trauer überwältigt.
Seine Mitstreiter ermahnten ihn, er müsse etwas essen, aber
Achilleus lehnte ab und schickte sie aus dem Zelt. Sein Herz
kannte nur noch ein Verlangen: *In den Schlund der blutigen
Schlacht sich zu stürzen.*

»Sieh dir nur Achilleus an«, sagte Zeus zu Athene, dem das
Herz schwer wurde bei so viel Leid. »Kämpfen will er, ohne
zu essen. Eile hinab zu ihm und träufele ihm Nektar und Ambrosia in die Brust, daß ihm nicht vor Hunger ermattet die
Glieder erlahmen.«

Das ließ sich seine Tochter nicht zweimal sagen und stieß
wie ein Falke vom Himmel herab.

Kurz darauf legte sich Achilleus, frisch gestärkt, die Rüstung an. Der Auftritt hätte eindrucksvoller nicht ausfallen können: Von seinem Schild stieg der Glanz bis zum Äther empor, er sah aus wie der Sonnengott höchstpersöhnlich. Auch das Heer hatte sich, von neuer Entschlossenheit beflügelt, zum Kampf gerüstet. Allen schien bewußt zu sein, daß der bevorstehende Tag die Entscheidung bringen würde.

Automedon stieg auf den Wagen und ergriff die schimmernde Geißel, Achilleus trat hinter ihn. Zu den Pferden sagte er: »Ich zähle auf euch. Laßt Automedon nicht im Stich!«

Eines der Pferde neigte den Kopf zur Erde, und Hera verlieh ihm für einen Moment die Kraft der Sprache: »Diesmal werden wir dich noch retten können«, sagte das göttliche Pferd, »aber dein Schicksal ist vorherbestimmt, und wir werden daran nichts ändern können.«

»Als wüßte ich das nicht«, entgegnete Achilleus und trieb sie vorwärts.

Achilleus' Comeback

Zeus versammelte die Götter in seinem Haus, und selbst Poseidon, der zuletzt noch beleidigt ins Meer abgetaucht war, erschien im Kreis der Unsterblichen. Der Beherrscher des Olymp hatte Wichtiges zu verkünden: Er wolle nicht länger Zeuge der grausamen Auseinandersetzungen sein müssen, daher habe er eine Entscheidung getroffen. Er selbst werde auf dem Olymp bleiben und die entscheidende Schlacht von oben verfolgen, den Göttern aber stehe es frei, nach Troja zu gehen, um die verfeindeten Lager nach Belieben zu unterstützen. *Also redete Zeus und erweckte ein endloses Kämpfen. Schnell nun gingen die Götter zum Kampf in geteilter Gesinnung.*

Hera, Athene, Poseidon, Hermes und Hephaistos bildeten die Griechenfraktion, Aphrodite, Artemis, Apollon sowie Ares unterstützten die Trojaner. Zusätzliche Schützenhilfe bekamen die Freunde Trojas von zwei Göttern, die bis dahin noch nicht in Erscheinung getreten waren: Leto – vormals Gemahlin des Zeus, Mutter von Apollon und Artemis und Hera schon immer ein Dorn im Auge – und Xanthos, ein Flußgott, der bei den Sterblichen Skamander hieß.

Athene postierte sich am Graben vor den Schiffen und ließ ihre Stimme über dem griechischen Lager erschallen, Ares dagegen trieb die Trojaner von der Stadtmauer aus zum Kampf an.

Die Begleitumstände der finalen Schlacht hätten dramatischer nicht sein können: Zeus donnerte nach Kräften vom Olymp herab, und Poseidon ließ die Erde so sehr erbeben, daß selbst Hades erschrocken vom Thron fuhr und losbrüllte, aus Angst, die Erde könne aufbrechen und eine Schlucht bis in die Unterwelt reißen.

Die Götter suchten sich je einen direkten Opponenten: Poseidon stellte sich Apollon entgegen, Athene Ares, Hera Artemis, Leto Hermes und Hephaistos schließlich Xanthos. Zunächst allerdings begnügten sie sich damit, Position zu beziehen und abzuwarten. Die Griechenfraktion ließ sich auf einer Mauer nieder, die Trojafraktion versammelte sich auf der anderen Seite des Schlachtfeldes an einem Hang.

Apollon agierte als erster: In Gestalt des Lykaon, eines Sohnes des Priamos', trat er an den zögerlichen Äneas heran: »Neulich erst hast du meinem Vater versprochen, Achilleus zum Kampf herauszufordern, wenn sich eine Gelegenheit böte. Was ist aus deinen tapferen Worten geworden?«

»Du hast leicht reden«, rechtfertigte sich Äneas. »Kein Sterblicher kann sich im Kampf mit dem Sohn der unsterblichen Thetis messen.«

»Das sagst ausgerechnet du, der leibliche Sohn der viel mächtigeren Aphrodite?«

»Auch wieder wahr«, mußte Äneas sich eingestehen und stürmte Achilleus entgegen. Mit dem hatte er ohnehin eine alte Rechnung offen: Achilleus hatte ihn einmal vom Ida vertrieben, sich seine Rinder unter den Nagel gerissen und ihn anschließend bis nach Lyrnessos verfolgt, wo er gleich die ganze Stadt zerstört hatte. Nur göttliche Hilfe hatte Äneas damals retten können.

Als die beiden jetzt aufeinandertrafen, bekam Äneas die Geschichte sofort wieder aufgetischt: »Ich dachte, ein Tor wird klug durch Erfahrung«, höhnte Achilleus. *Weiche mir lieber unter die Menge zurück, und scheue dich, mir zu begegnen.*

»Glaub nur nicht, du könntest mich mit Worten einschüchtern«, erwiderte Äneas. »Ich bin von edlerer Abstammung als du. Es wird sich zeigen, wer von unseren Eltern heute noch Grund zur Trauer haben wird.«

Mit diesen Worten schwang er seine Lanze gegen Achilleus, doch Hephaistos hatte ganze Arbeit geleistet: Von den fünf Schichten seines Schildes durchschlug Äneas' Geschoß nur die ersten beiden. Achilleus war erfolgreicher: Sein Speer durchstieß Äneas' Schild und bohrte sich hinter dem Rücken des sich Duckenden in den Boden. Und während Äneas noch schreckensstarr am Fleck verharrte, zückte Achilleus sein Schwert und stürzte sich auf ihn. Äneas hätte den Tod gefunden, doch Poseidon, eigentlich auf seiten der Griechen, hatte Mitleid mit ihm: »Seht euch den armen Äneas an«, sagte er zu den anderen. »Erst stachelt Apollon ihn zum Kampf an, und dann läßt er ihn im Stich. Äneas hat uns Götter immer geehrt und sich nie gegen uns erhoben. *Lasset uns denn der Todesgefahr ihn entrücken.*«

Hera blieb resolut: »Das mußt du schon alleine entscheiden. Athene und ich haben uns Trojas Untergang geschworen, von uns kannst du keine Hilfe erwarten.«

Kurz entschlossen hüllte Poseidon Achilleus in einen düsteren Nebel, legte ihm Äneas' Speer zu Füßen, riß den Unterlegenen aus dem Gefecht und schleuderte ihn über die Köpfe der anderen hinweg an den Rand des Schlachtfeldes.

Dort baute er sich vor ihm auf: »Was fällt dir ein, dich mit Achilleus messen zu wollen? Das nächste Mal mach gefälligst einen Bogen um ihn! Noch einmal hole ich dich da nicht raus.«

Mit diesen Worten zog sich Poseidon wieder zurück, und der Nebel, in den er Achilleus gehüllt hatte, ebenfalls.

»Da hat Äneas aber noch mal Glück gehabt«, sagte Achilleus zu sich, als er die Lanze aufhob, seinen Gegner aber nirgends mehr entdecken konnte. »Auch er muß wahrlich Freunde unter den Göttern haben.«

Nun wollte Hektor sich an Achilleus versuchen, Apollon aber mahnte ihn: *Hektor, kämpfe nur ja nicht im vorderen Kampf mit Achilleus, sondern erwart ihn inmitten der Menge aus brausendem Kampfe, daß dich weder sein Wurf noch sein Schwert aus der Nähe verwunde.*

Zunächst also ließ Hektor sich wieder in die eigenen Reihen zurückfallen. Als er aber sah, wie Polydamas sich, von Achilleus' Speer durchbohrt, am Boden wälzte und seine eigenen Gedärme an sich preßte, da gab es für Hektor kein Halten mehr.

»Da bist du ja endlich«, rief Achilleus, als er Hektor auf sich zukommen sah, »*der mich am tiefsten verwundet hat in der Seele.*«

Hektor entgegnete: »Dein Reden hilft dir nichts. Ich weiß sehr wohl, daß du mir körperlich überlegen bist, aber letztendlich entscheiden die Götter das Schicksal.«

Sofort mußte er erkennen, wie recht er damit gehabt hatte: Athene blies mit einem leichten Atemzug gegen seinen Speer an, den er Achilleus entgegenschleuderte, woraufhin ihm dieser kümmerlich vor die eigenen Füße fiel. Apollon auf der anderen Seite aber war ebenfalls nicht untätig: Um Hektor vor dem heranstürmenden Achilleus zu schützen, barg er ihn in einer Wolke; Achilleus konnte nur ziellos darin herumstochern.

Aufgebracht schrie er in den Nebel hinein: *Wieder entrannst du dem Tode, du Hund, und wirklich, sehr nahe kam er dir schon, doch wieder bewahrte dich Phoibos Apollon.*

Wie ein Dämon wandte sich Achilleus dem allgemeinen Kampfgeschehen zu und tötete jeden, der ihm in die Quere kam; sein Schwert wurde ganz warm von dem vielen Blut. Am

Skamanderfluß, der die Ebene zwischen Troja und dem griechischen Lager teilte, waren am Vortag erst die Griechen vor Hektor geflohen. Jetzt hatten sich die Vorzeichen verkehrt, und Achilleus trieb dort die Trojaner wie Vieh auseinander. Viele versuchten, sich in den Fluß zu retten, dessen Strömung sie fortriß oder in Strudeln gefangen hin und her trieb.

Achilleus bemerkte den fliehenden Lykaon am Ufer. Er hatte Helm und Schild abgestreift und war Achilleus wehrlos ausgeliefert.

»Töte mich nicht«, flehte er. »Hektor, der deinen Freund umgebracht hat, ist doch nur mein Stiefbruder.«

»Was schert mich das! Wäre Patroklos noch am Leben, würde ich dich vielleicht laufenlassen; jetzt aber kann keiner mehr auf Mitleid hoffen. Sieh mich an! Jammere ich vielleicht? Mein Schicksal ist schließlich auch schon besiegelt.«

Und Achilleus zog sein Schwert und schlug es dem mit ausgebreiteten Armen vor ihm Knieenden *am Nacken ins Schlüsselbein, und ganz in die Tiefe fuhr ihm das schneidende Schwert.* Lykaons Leiche warf er in den Fluß.

»Laß dich von den Fischen fressen«, rief er dem Toten nach, und an die feindlichen Krieger gerichtet: »Auch die Fluten des Skamander werden euch nicht vor meiner Rache schützen, und wenn ihr ihm noch so viele Rinder und Pferde geopfert habt.«

Als nächstes nahm er sich Asteropaios vor, den Führer der Paionen. Der war mit beiden Händen gleich geschickt und schleuderte Achilleus zwei Speere auf einmal entgegen, von denen ihn einer sogar am Ellenbogen verwundete. Achilleus' Lanze dagegen verfehlte ihr Ziel und bohrte sich bis zur Hälfte ins Ufer, doch während Asteropaios noch verzweifelt versuchte, sie aus dem Schlamm zu ziehen, hatte ihm der entfesselte Achilleus schon den Bauch aufgeschlitzt.

Er richtete ein solches Blutbad an, daß der Skamander mit menschlicher Stimme aus den Fluten zu ihm sprach:

Wenn dir Kronion (Zeus) die Troer auch gab, daß du alle
  verderbest,
Treib sie heraus doch aus mir und vollbringe den Frevel im
  Felde.
Voll von Toten sind nun bereits meine herrlichen Wasser,
Nicht mehr kann ich die Flut ergießen ins heilige Salzmeer,
Eingeengt von den Leichen; so tötest du wild und entsetzlich.

»Schon recht«, fügte sich Achilleus, stieg aber schon kurz darauf erneut in die Fluten.

Skamander empörte sich und schickte ihm eine Woge entgegen, die ihn von den Füßen riß. Achilleus mußte erkennen, daß er sich durch sein unvorsichtiges Verhalten noch einen Gott zum Feind gemacht hatte. Er rettete sich aus der Strömung, doch wohin er jetzt auch auszuweichen versuchte, immer wurde er von dem Fluß verfolgt.

Schließlich ging ihm die Luft aus: »Vater Zeus! Soll ich etwa jetzt schon eines jämmerlichen Todes sterben, *eingeengt in dem Strom, wie ein schweinetreibender Knabe?* Ich dachte, mein Schicksal würde mich vor den Mauern Trojas erwarten.«

Athene und Poseidon tauchten an seiner Seite auf. Der Meeresgott versicherte ihm, daß dies noch nicht sein Ende sei, und Athene stärkte ihm die Beine, so daß er der Strömung standhalten konnte. Inzwischen war die Ebene zu großen Teilen überflutet, und zahllose Leichen trieben in dem geschwärzten Wasser.

Doch so einfach wollte sich der Fluß nicht geschlagen geben. Er gebar eine Flutwelle, die Achilleus mit sich riß, und es bedurfte Heras Intervention, um dem Wildgewordenen Einhalt zu gebieten: Sie sandte Hephaistos aus, um das Wasser mit Feuer zu bekämpfen. Der entfesselte ein Inferno, das alles in Flammen aufgehen ließ, was irgendwie brennbar war – Leichen, Wagen, Bäume, einfach alles –, bis schließlich der Strom selbst zu brennen schien und sein Wasser kochte. Da mußte auch Skamander klein beigeben.

Zu Hera gewandt, flehte er: »Sag Hephaistos, daß er aufhören soll, mich zu quälen! Ich werde mich nicht mehr einmischen. Eigentlich geht es mich ja auch gar nichts an, ob Troja zerstört wird oder nicht.«

Hephaistos und Xanthos beruhigten sich, unter den anderen Göttern aber erhob sich ein mächtiger Streit: Ares besaß die Kühnheit, sich mit Athene zu messen, und schleuderte seinen Speer nach ihr. Ihren Schild aber hätte selbst Zeus' Blitz nicht zerstören können und Ares' Lanze schon gar nicht. Sie las einen Markstein vom Boden auf und traf Ares damit am Helm, daß er wie gelähmt zu Boden schlug.

»Bist du größenwahnsinnig geworden, dich mit mir anzulegen?!« schrie sie ihn an.

Sobald sie sich abgewandt hatte, kam Aphrodite angerauscht, um Ares wieder aufzurichten; schon damals hatte sie eine Schwäche für den schneidigen Kriegsgott, mit dem sie später ein Verhältnis einging.

»Jetzt sieh dir das an«, stichelte Hera. *Wie die hündische Fliege da wieder den mordenden Ares führt aus dem tobenden Kampf durchs Gewühl. Drum auf zur Verfolgung.*

Athene setzte den beiden nach und schlug Aphrodite vor die Brust, daß *gleich die Knie und das Herz ihr erschlafften.* Jetzt lagen sie beide nebeneinander am Boden.

»So wird es bald allen trojanischen Verbündeten ergehen!« rief Athene.

An anderer Stelle standen sich Apollon und Poseidon gegenüber: »Dich soll einer verstehen«, sagte Poseidon und erinnerte Apollon daran, wie sie gemeinsam, von Zeus bestraft, ein Jahr lang Laomedon hatten dienen müssen, dem vorletzten König Trojas. Sie hatten für ihn die Stadtmauer errichtet (die aus diesem Grund auch als unbezwingbar galt) und waren anschließend von Laomedon um den ausgemachten Lohn betrogen worden. Er hatte sogar gedroht, ihnen die Ohren abzuschneiden.

»Und dessen Völker unterstützt du jetzt!« entrüstete sich Poseidon.

Apollon, der Angst vor einer direkten Auseinandersetzung mit Poseidon hatte, wiegelte ab: »Laß uns nicht wegen der Sorgen der Menschen streiten. Sollen sie den Kampf unter sich ausmachen.«

Artemis war außer sich über ihren Bruder: »Was bist du nur für ein Maulheld!«

Wo es etwas zu streiten gab, konnte Hera sich nicht lange heraushalten: »Was mischst du dich da ein?« fuhr sie Artemis an. »Du selbst hast doch auch nur ein großes Mundwerk.«

Und sie hielt Artemis fest und schlug mit deren eigenem Bogen auf sie ein, woraufhin ihre Stieftochter auf den Olymp floh, um sich bei Zeus auszuweinen. Der verfolgte den Streit der Götter mit unverhohlener Schadenfreude.

Hermes war diplomatischer: »Von mir aus kannst du zu Hause allen erzählen, du hättest mich im Kampf besiegt«, sagte er zu Leto, »aber ich werde mich hüten, eine von Zeus' Frauen zum Kampf herauszufordern. Das bringt nur Ärger – so oder so.«

Leto sammelte den Bogen und die Pfeile ihrer Tochter Artemis auf, die überall verstreut lagen, und folgte ihr. Nach und nach trafen auch die übrigen Götter wieder auf dem Olymp ein, manche mit hängenden Köpfen, andere mit geschwellter Brust. Nur Apollon blieb und überlegte, wie er die Trojaner vor dem Untergang bewahren könnte.

König Priamos indes stand auf dem Turm der Stadtmauer und mußte mit ansehen, wie Achilleus seine Gefolgsleute niedermetzelte. Er wußte sich nicht anders zu helfen, als die Öffnung der Tore zu veranlassen, um den Kämpfenden die Flucht in die Stadt zu ermöglichen. Das war riskant, denn wenn es Achilleus gelänge, in die Stadt einzudringen, wäre Troja sicherlich verloren.

Zum Glück stellte sich Agenor Achilleus in den Weg. Er traf ihn sogar mit seinem Speer am Schienbein, was Achilleus zwar nichts anhaben konnte, seine Aufmerksamkeit aber von den Fliehenden ablenkte. Als er Agenor entgegenstürmte, hüllte Apollon den Unterlegenen in eine Wolke und zeigte sich selbst in Agenors Gestalt. Willig ließ er sich von Achilleus quer über das Schlachtfeld hetzen; in der Zwischenzeit retteten sich die Trojaner in die Stadt.

Nach einer Weile gab sich Apollon zu erkennen: »Warum verfolgst du mich eigentlich die ganze Zeit? Siehst du nicht, daß ich ein Unsterblicher bin? Du kannst mich nicht töten.«

Jetzt erkannte Achilleus den Schwindel, kehrte Apollon trotzerfüllt den Rücken und lief zurück zur Stadt.

Der Showdown

Aber den Hektor bestimmte sein böses Verhängnis,
Zu warten draußen am Platz vor der ilischen Burg
und dem skaiischen Tore.

Priamos, der auf dem Turm stand, rief seinem Sohn zu: »Warte nicht alleine da draußen auf Achilleus! Ich habe schon zu viele Söhne im Kampf verloren. Komm lieber herein und beschütze unsere Frauen und Kinder. Ich sehe mich schon von Hunden zerfleischt, meine Töchter verschleppt, die Burg geplündert.«

Hekabe erschien ebenfalls auf der Mauer und flehte ihren Sohn an, er möge in die Stadt kommen.

Hektor bereute es, nicht auf den Vorschlag seines Freundes Polydamas eingegangen zu sein, der ihn gebeten hatte, die Nacht im Schutz der Stadtmauern zu verbringen. Er überlegte, ob er sich in Sicherheit bringen sollte, aber sein Stolz verbot es ihm. Da er leichtsinnig den Tod so vieler Mitstreiter verschuldet hatte, wollte er lieber ehrenvoll sterben, als sich den Vorwurf der Feigheit einzutragen. Er könnte auch, so überlegte er, seine Waffen niederlegen und die Rückgabe Helenas und der Schätze anbieten, schließlich hatte der Krieg deshalb seinen Anfang genommen, aber es war mehr als unwahrscheinlich, daß Achilleus sich auf diesen Handel einlassen würde. Nicht, nachdem er, Hektor, Patroklos getötet hatte. So stand er mit dem Rücken zur Mauer und erwartete Achilleus' Angriff.

Sobald aber Achilleus in unmittelbare Nähe gekommen war, ergriff Hektor Panik, und er rannte um sein Leben. Achilleus scheuchte ihn an der Mauer entlang, am Feigenbaum und an der Warte vorbei, hinab auf den Fahrweg. Dann verfolgte er ihn hinüber zu den Quellen des Skamander und schließlich um die ganze Stadt herum. Die Hetzjagd nahm kein Ende. Von der Stadtmauer aus mußten Priamos und Hekabe mit ansehen, wie Achilleus ihren Sohn insgesamt dreimal um die Stadt trieb.

Zeus unternahm einen letzten halbherzigen Versuch, seinen Günstling dem Schicksal doch noch zu entreißen, aber Athene, die sonst so vorsichtig war mit offenem Widerspruch, hatte einen sicheren Instinkt für die Verfassung ihres Vaters und erkannte dessen Unentschlossenheit: »Ich dachte, Hektors Schicksal sei besiegelt. Von mir aus rette ihn vor dem Verderben. Ich hoffe nur, du weißt, wen du dir damit zum Feind machst.«

»Hast ja recht, mein Kind«, lenkte Zeus ein und gab ihr freie Hand.

Na also, dachte sich Athene und stieß vom Olymp herab.

Der entkräftete Hektor versuchte, in die Nähe der Mauer zu gelangen, aber Achilleus schnitt ihm jedesmal den Weg ab und drängte ihn ins Feld zurück; bald fühlte sich Hektor wie in einem Alptraum gefangen.

Apollon kam ihm zu Hilfe und stärkte seine Beine, doch als sie zum viertenmal die Quellen des Skamander erreichten, nahm Zeus seine goldene Waage, warf zwei Todeslose hinein und richtete sie aus: *Da sank des Hektors Verhängnis lastend zum Hades hinab, es verließ ihn Phoibos Apollon.*

Deïphobos tauchte unerwartet auf, um seinen Bruder Hektor zu unterstützen. Der, ganz gerührt von soviel familiärer Solidarität, wagte die alles entscheidende Auseinandersetzung:

Ich fälle dich, oder ich falle, rief er Achilleus zu. Und da er ein Mann von edler Gesinnung war, fügte er an: »Eines jedoch verspreche ich: Sollte ich als Sieger aus dem Kampf hervorgehen, werde ich deinen Leichnam den Griechen übergeben. Versprich du mir dasselbe.«

Achilleus stand der Sinn nicht nach Sentimentalitäten: *Hektor, sprich mir doch nicht von Verträgen, du ewig Verhaßter!*

Mit dem ersten Wurf verfehlte Achilleus seinen Gegner, Athene aber brachte ihm unbemerkt die Lanze zurück. In der Zwischenzeit schleuderte Hektor seinen Speer. Der traf Achilleus' Schild, prallte jedoch wirkungslos daran ab.

»Deïphobos«, rief er seinen Bruder, »gib mir deine Lanze. Beim zweiten Versuch will ich es besser machen.«

Doch so plötzlich sein Bruder aufgetaucht war, so schnell war er auch wieder verschwunden. Hektor erkannte, daß er hereingelegt worden war, und spürte sein nahendes Schicksal: *Wehe, nun haben mich wirklich die Götter zum Tode gerufen, denn ich glaubte, der Held Deïphobos wolle mir helfen. Aber er weilt in der Stadt; es täuschte mich Pallas Athene.*

Die beiden gingen aufeinander los, Hektor mit gezogenem Schwert, Achilleus, seine Lanze schwingend. Es war nicht einfach, bei Hektor eine verwundbare Stelle zu finden, denn *wohl bedeckte den Körper fast ganz die eherne Rüstung, die er der Kraft des getöteten Patroklos hatte entrissen. Aber wo das Schlüsselbein Hals und Schultern begrenzt, an der Gurgel, schien er entblößt, an der allergefährlichsten Stelle des Lebens. Hier durchbohrte den Stürmenden gleich der Speer des Achilleus. Geradewegs das zarte Genick durchfuhr ihm die Spitze.*

Mit einer letzten Bitte wandte sich der Sterbende an Achilleus: »Wirf mich nicht den Hunden zum Fraß vor. Gib meinen Leib zurück, damit ich ehrenvoll bestattet werden kann.«

»Niemals! Am liebsten würde ich dich eigenhändig in Stücke reißen und selbst roh verschlingen.«

Peter Paul Rubens »Achilleus besiegt Hektor«
(1. Hälfte des 17. Jahrhunderts)

Auch im Angesicht des Todes bewies Hektor menschliche Größe. Statt Achilleus mit haßerfüllten Flüchen zu verwünschen, legten seine letzten Worte ein warmherziges Zeugnis ab:

Ach, ich kenne dich wohl und seh' es deutlich, du warest
Nicht zu erweichen; du trägst ein eisernes Herz doch im Busen.
Siehe nur zu, daß nicht für mich die Rache der Götter
Eines Tages dich treffe, wenn Paris und Phoibos Apollon
Dich, wie tapfer du bist, vernichten am skaiischen Tore.

Achilleus zog seine Lanze aus dem leblosen Körper, und die griechischen Kämpfer, die so lange in Furcht vor Hektor gefochten hatten, liefen herbei – ein jeder wollte noch einmal zustechen.

Achilleus durchbohrte Hektors Füße an den Sehnen, zog

105

Pietro Testas
»Achill schleift Hektors Leichnam«
(1. Hälfte des 17. Jahrhunderts)

Lederriemen hindurch und band ihn an seinem Wagen fest. Unter den entsetzten Blicken der Trojaner schleifte er ihn so lange kopfüber um die Burg, bis sein Gesicht zur Unkenntlichkeit entstellt war. Priamos konnte nur mit Gewalt davon abgehalten werden, aus der Stadt zu rennen.

»Wäre er doch nur in meinen Armen gestorben«, rief er verzweifelt, und Hekabe klagte: *Wie soll ich noch weiter im Kummer leben, wo du mir starbst!*

Am schlimmsten aber traf es Hektors Frau Andromache: Sie saß im Haus und ließ ihrem Mann gerade ein Bad vorbereiten, als sie vom Turm her die Klagerufe hörte. Fürchterliches ahnend, bahnte sie sich einen Weg durch das Gewühl der Männer. Am Turm angekommen, mußte sie mit ansehen, wie Achilleus ihren toten Gatten hinter seinem Wagen her zu den Schiffen schleifte. Der Schmerz nahm ihr vorübergehend die Besinnung, und als sie in den Armen seiner Schwestern wieder zu sich kam und die gräßlichen Bilder zurückkehrten, wünschte sie sich sehnlichst, niemals geboren worden zu sein.

Die Leichenfeier

Die Schlacht war geschlagen, der Kampf entschieden. Zurück im Lager, richteten die Griechen zu Ehren Patroklos' ein großes Totenfest aus; Hektor ließen sie mit dem Gesicht nach unten im Staub liegen. Hephaistos hatte eine lodernde Glut entfacht, Dutzende von Stieren, Schweinen, Schafen und Ziegen brieten über dem Feuer.

Doch während die Krieger sich labten, verzehrte sich Achilleus vor Gram über den toten Patroklos, und erst als er vor Erschöpfung vom Schlaf übermannt wurde, entkrampfte sich sein Herz.

Im Traum erschien ihm Patroklos' Seele und sprach zu ihm: »Liebster Freund! Warte nicht länger mit der Verbrennung meiner Leiche. Die ganze Zeit irre ich umher vor den Toren des Hades und kann sie nicht passieren, weil die anderen Seelen nicht zulassen, daß ich den Styx überquere. Und noch etwas: So, wie wir zusammen im Hause deines Vaters Peleus aufgewachsen sind, der mich bei sich aufnahm wie einen Sohn, so wollen wir bestattet werden. Auch auf dich wartet ja der baldige Tod. Lege also meine Gebeine in die goldene Urne, die Thetis dir schenkte, und lasse deine hinzutun, wenn der Tag kommt.«

Achilleus versprach es und wollte den geliebten Freund umarmen, doch *wie Rauch verschwand in den Boden schwirrend die Seele.*

Im Morgengrauen schickte Agamemnon Männer mit Mauleseln aus, um Holz aus der Umgegend ins Lager bringen zu lassen; immer wieder wurden die Tiere beladen. Auf Meriones' Geheiß fällte man am Ida sogar Eichen und zerteilte sie. Gegen Abend dann wurde der Leichnam geholt; inmitten eines riesigen Leichenzugs trug man ihn zur Feuerstätte. Achilleus stützte seinen Kopf. Er hatte sich die blonden Haare geschoren und sie seinem Gefährten in die Hände gelegt.

Nach dem Mahl türmte man den Scheiterhaufen auf. Ein Totengerüst von dreißig Metern im Quadrat wurde erbaut und der Tote darauf gelegt. Gehäutete Schafe und Rinder wurden geopfert, mit ihren Häuten bedeckte Achilleus den Toten. Man lehnte Krüge mit Honig und Salböl gegen das Lager, zwei der Haushunde wurden auf das Gerüst geworfen ebenso wie vier lebendige Pferde, außerdem zwölf edle trojanische Jünglinge.

Als das Feuer entzündet war, beschwor Achilleus die Winde, einen reißenden Brand zu entfachen. Die saßen gerade im Haus des Westwindes beim Essen und hörten ihn nicht, aber Iris überbrachte die Bitte. *Nicht gegessen!* befahl sie und erklärte ihnen die Lage.

Die Winde sprangen sofort vom Tisch auf und jagten die Wolken vor sich her über das Meer. Eine mächtige Brandung erhob sich, und die ganze Nacht hindurch zerwühlten sie den Scheiterhaufen, daß die Flammen zum Himmel empor-schlugen. Im Morgengrauen, als das Feuer erloschen war, ließ Achilleus die Gebeine seines Freundes zusammentragen und in der Urne verschließen.

Der Wettkampf

Zu einer Leichenfeier wie der von Patroklos gehörte bei den Griechen stets auch ein angemessener Wettkampf: Freiwillige aus den unterschiedlichen Lagern der Verbündeten traten ge-geneinander in ihren Paradedisziplinen an: Wagenrennen, Faustkampf, Ringen, Wettlauf, Speerkampf, Diskus, Bogen-schießen und Lanzenwerfen. Achilleus lobte für jede Diszi-plin unterschiedliche Preise aus; als Ausrichter nahm er selbst am Wettstreit nicht teil.

Die weniger wichtigen Wettkämpfe sind schnell referiert: Der Wettstreit im Lanzenwerfen, der letzten Disziplin, wurde nicht mehr ausgetragen. Agamemnon und Meriones wollten gegeneinander antreten, aber Achilleus erklärte Agamemnon schon vorher zum Sieger; eine versöhnliche Geste, wenn man bedenkt, daß er mit ihm jahrelang in erbitterter Feindschaft gelebt hatte. Als Siegespreis erhielt Agamemnon ein geblümtes Becken vom Wert eines Rindes, Meriones bekam als Trostpreis den Speer. Ganz hübsche Andenken, aber doch eher nette Aufmerksamkeiten als Preise.

Beim Bogenschießen ging es spannender zu: Es gab zehn doppelt und zehn einfach geschliffene Beile zu gewinnen. Das Ziel war eine wilde Taube, die Achilleus an einem entfernt liegenden Schiff festgebunden hatte. Meriones und Teukros, die bekannten Bogenschützen, traten gegeneinander an. Teukros hatte den ersten Versuch und traf den Faden, an dem die Taube festgebunden war. Meriones riß ihm daraufhin den Bogen aus der Hand und schoß die entflohene Taube vom Himmel – Teukros mußte sich mit den einschneidigen Äxten begnügen.

Im Diskuswerfen konnte sich Polypötes gegen Epeos, Leonteus und sogar den »großen« Ajax durchsetzen, der vielleicht noch etwas außer Atem war von dem vorhergegangenen Speerkampf, in dem er auf Leben und Tod gegen Diomedes gefochten hatte. Um zu verhindern, daß einer der beiden sich lebensgefährlich verletzte, waren der Kampf vorzeitig beendet und die Preise geteilt worden.

Im Wettlauf hatten sich der »kleine« Ajax, Odysseus und Antilochos miteinander gemessen. Als Preis hatte Achilleus einen Kessel ausgesetzt. Der junge Antilochos konnte mit den anderen nicht mithalten, erhielt aber nach dem Rennen von Achilleus ein halbes Talent Gold für seine ehrenden Worte gegenüber Ajax und Odysseus. Die waren lange Kopf an Kopf gerannt, bis der heimtückische Odysseus Athene um Hilfe anflehte, die Ajax ausgerechnet vor einem Haufen Rindermist ein Bein stellte: *Gleich aber füllte der Rinderkot ihm den Mund und die Nase. Doch den Kessel ergriff der vielerprobte Odysseus. Da lachten sie über ihn alle von Herzen.* Wer den Schaden hat, braucht für den Spott bekanntlich nicht zu sorgen.

Zuvor hatte Odysseus sich bereits den Preis im Ringen mit dem »großen« Ajax geteilt, der ihm zwar körperlich weit überlegen war, aber durch Odysseus' Arglist immer wieder zu

Fall kam. »Der Ringkampf hat zwei Sieger verdient«, entschied Achilleus salomonisch, und keiner legte' Protest ein.

Eine klare Angelegenheit war dagegen der Faustkampf gewesen: Als Siegespreis war ein Maultier herbeigeführt worden, der Verlierer sollte einen Becher mit doppeltem Henkel
bekommen. Epeos, ein erfahrener Faustkämpfer, hatte sich
neben das Maultier gestellt und gesagt: »Will einer von euch
den Becher gewinnen?« Alle verstummten. Einzig Euryalos
wagte den Kampf – und bekam den Becher.

Am Anfang aber hatte die Königsdisziplin gestanden: das
Wagenrennen. Obgleich für die Geschichte Trojas bedeu-
tungslos, verdient das Rennen besondere Beachtung. Homer
hat es zu einer Charakterstudie ausgeweitet, bei der er sich als
scharfsinniger Beobachter erweist und uns Verhaltensmuster
zeigt, die ihre Gültigkeit bis heute nicht verloren haben.

Achilleus hatte beachtliche Preise ausgesetzt: Dem Sieger
winkten eine Frau und ein edler Dreifuß, und selbst der Viert-
plazierte sollte noch zwei Talente Gold erhalten. Fünf Männer
stellten sich der Herausforderung; über die Aufstellung entschied das Los. Als erster durfte Antilochos starten. Er konnte
sich keine großen Chancen ausrechnen, denn seine Pferde waren die langsamsten. Eumelos, einer der griechischen Heerführer, folgte. Im Gegensatz zu denen des Antilochos erregten
seine Pferde großes Aufsehen: Apollon selbst hatte sie erzo-
gen. Hinter ihm kamen Menelaos, Meriones und zum Schluß
Diomedes, der als der beste Wagenlenker galt. Achilleus hatte
den Parcours vorgegeben und am Wendepunkt den alten Phönix postiert, damit keiner schummelte.

*Alle schwangen zugleich nun über die Rosse die Geißeln, da
sprengten in Hast die Pferde dahin durchs Gefilde. Es klopfte
das Herz in der Brust einem jeden siegesbegierig.*

Im Verlauf des Rennens trennte sich die Spreu vom Weizen:
Eumelos hielt die Spitze, dicht gefolgt von Diomedes, dessen
Pferde ihm schon fast in den Wagen springen konnten. Er hätte
sich überholen lassen und Diomedes den Sieg gewähren müs-

sen, aber nicht einmal bei den Wettkämpfen konnten die Götter ihre Finger aus dem Spiel lassen: Der eitle Apollon mochte seine Pferde nicht verlieren sehen und schlug Diomedes die Zügel aus der Hand. Das wiederum konnte Athene nicht auf sich sitzen lassen, gab Diomedes die Zügel zurück und zerbrach das Joch von Eumelos' Gespann. Dessen Pferde liefen daraufhin wild durcheinander, er selbst wurde vom Wagen geschleudert.

Mit großem Vorsprung führte jetzt Diomedes vor Menelaos, doch Antilochos wollte nicht abgeschlagen durchs Ziel kommen und holte alles aus seinen Pferden heraus, um wenigstens Menelaos zu überholen. Vor einem Hohlweg, der nur breit genug für ein Gespann war, schnitt er Menelaos den Weg ab, der einen Zusammenprall nur verhindern konnte, indem er seine Pferde zurückriß.

»Bist du verrückt geworden?« erzürnte sich Menelaos.

»Wer bremst, verliert!«

Im Lager erspähte Idomeneus die Zurückkommenden: »Ich glaube, Diomedes führt«, sagte er.

»Dummes Geschwätz«, entfuhr es dem »kleinen« Ajax. »Von hier aus kann man das unmöglich sehen. Und du schon gar nicht.«

»Wir können ja wetten, du zänkische Memme.«

Achilleus mußte die beiden zur Ordnung rufen.

Schließlich kamen die Fahrer durchs Ziel: Als erster Diomedes, dahinter Antilochos, dicht gefolgt von Menelaos, dann, eine Speerwurfweite zurück, Meriones und abgeschlagen schließlich Eumelos.

Achilleus hatte Mitleid: »Seht euch das an! Der Beste kommt als letzter durchs Ziel. Laßt uns Eumelos fairneßhalber den Preis für den Zweitplazierten geben.«

»Der zweite Preis steht mir zu«, rief der junge Antilochos daraufhin aus. »Nimm ihn mir weg, und ich hasse dich! Nie geb' ich freiwillig das Pferd her. Wer es haben will, kann sich ja mit mir im Ringkampf messen.«

»Ist ja schon gut«, lenkte Achilleus ein. »Wenn du auf deinem zweiten Preis bestehst, dann bekommt Eumelos eben einen Sonderpreis.«

Und er schickte Automedon in sein Zelt, um die erbeutete Rüstung von Asteropaios zu holen.

»Ich protestiere«, empörte sich Menelaos jetzt. »Eigentlich nämlich hätte ich den zweiten Preis verdient. Antilochos hat mich unfair abgedrängt. Nur durch Betrug ist er zweiter geworden. Ich verlange, daß die Fürsten und Berater eine richterliche Entscheidung treffen, damit mir niemand vorwerfen kann, ich hätte den Preis zu Unrecht eingefordert.«

Antilochos konnte sich leicht ausrechnen, wie die Fürsten in dieser Sache entscheiden würden. Um eine für alle kompromittierende Situation zu vermeiden, zeigte er sich einsichtig:

Faß dich nur; denn ich bin um viele Jahre doch jünger,
Herr Menelaos, als du, und du bist älter und klüger,
Weißt, wie oft sich ein junger Mann Übertretungen leistet;
Allzu rasch ist der Sinn, doch nur gering seine Einsicht.

Und er nahm das eben gewonnene Pferd und brachte es zu Menelaos.

Nachdem so die Machtverhältnisse wieder ins Lot gerückt waren, konnte Menelaos sich gönnerhaft geben: »Ach laß nur. Es war ja nur der jugendliche Eifer, der dich verblendet hat. Ich geb' dir das Pferd. Hier, nimm es ruhig.«

So durfte Antilochos das Pferd behalten und Menelaos sich edelmütig fühlen. Den übriggebliebenen Preis für den Fünftplazierten überreichte Achilleus dem alten Nestor, der sich geschmeichelt fühlte und an alte Zeiten zurückdachte.

Priamos und Achilleus

Hektors Tod hatte Achilleus' Schmerz nicht lindern können. Schlaflos verbrachte er die Nächte damit, sich hin und her zu wälzen oder ziellos den Strand abzuschreiten; morgens dann band er Hektors Leichnam an den Wagen und schleifte ihn dreimal um Patroklos' Lager. Nur Apollons heimlicher Fürsorge war es zu verdanken, daß die Leiche noch gut konserviert war und nicht bereits völlig zerfetzt in Stücken hing.

Die Mehrzahl der Götter war einverstanden, Hektors Leiche von Hermes entführen zu lassen, aber Poseidon, Hera und Athene legten Protest ein.

Zeus mußte mal wieder schlichten: »Bringt mir Thetis her. Ich werde ihr sagen, daß *sie* auf ihren Sohn einwirken soll.«

Von Iris aus ihrer Grotte geholt, erschien Thetis wenig später in Trauerflor vor dem Göttervater.

»Die Götter mögen nicht mehr mit ansehen, wie dein Sohn Hektors Leiche mißhandelt«, sagte Zeus. »Sieh zu, daß er sie herausgibt, sonst werde ich mir etwas einfallen lassen müssen. Von den Trojanern war mir Hektor stets der liebste.«

Thetis eilte zu Achilleus und überbrachte die Nachricht. Achilleus willigte ein: Wenn einer käme, um Hektor freizukaufen, würde er ihn herausgeben.

Iris war indessen bereits wieder in Zeus' Auftrag unterwegs – diesmal auf dem Weg zu Priamos. Sie fand ihn im Hof seines Palastes, umringt von seiner Familie. Der Schmerz um seinen Sohn hatte aus ihm ein Bild des Jammers gemacht: *Über dem Alten lag in Menge der Kot und bedeckte den Kopf und den Nacken, den er, am Boden sich wälzend, gehäuft mit den eigenen Händen.*

Als Iris ihm nun sagte, er solle ins Lager der Griechen gehen, um Hektor auszulösen, schritt er sofort zur Tat. Er holte Decken, Gewänder, Gold, Kessel, Becken und Becher aus seiner Schatzkammer, wischte die Einwände seiner Frau vom Tisch und herrschte seine neun ihm verbliebenen Söhne an: »Fünfzig Söhne hatte ich, neunzehn allein mit Hekabe. Unter ihnen wahrhafte Männer und große Helden. Und was ist mir geblieben? Ein Häufchen Memmen – Lügner und Ziegendiebe. Gerne würde ich euch alle opfern, wenn ich dafür nur Hektor wiederhaben könnte. Los, steht nicht so untätig herum! Spannt mir einen Wagen mit vier Eseln an, und ladet die Schätze auf!«

Im Schutz des Abends verließ Priamos auf seinem Streitwagen die Stadt; das Eselsgespann steuerte der Herold Idaios. Am Fluß machten sie Rast und tränkten die Tiere, als Idaios plötzlich in der Nähe einen Mann entdeckte. Sie hatten die Wahl zwischen einem aussichtslosen Fluchtversuch oder der Bitte um Gnade. Starr vor Schreck, waren sie an ihren Ort gefesselt, und bevor sie noch eine Entscheidung treffen konnten, kam der Mann schon auf sie zu. Er gab sich als einer von Achilleus' Kämpfern zu erkennen, zeigte sich aber verständig und wollte versuchen, sie heimlich ins Lager zu führen und zu dessen Zelt zu geleiten.

Als sie zum Wall kamen, waren zu Priamos' Erstaunen die Wachen gerade über ihrem Essen eingeschlafen. Geräuschlos öffnete der Fremde das Tor, und sie gelangten ungesehen ins Lager. Achilleus' Zelt war von einem eigenen Holzwall umgeben. Die Türverriegelung konnte nur von ihm selbst geöffnet werden, oder drei Männer mußten sie mit vereinten Kräften bewegen. Der geheimnisvolle Begleiter aber entriegelte leicht das Tor und ließ Priamos in den Hof.

»Ich muß dich jetzt verlassen«, sagte er und zeigte sich plötzlich in seiner wahren Gestalt: Dann verschwand Hermes.

Heimlich trat Priamos ins Zelt und fand den erstaunten Achilleus in Gesellschaft seiner Freunde Alkimos und Automedon. Ehrerbietig sank er auf die Knie und küßte Achilleus' Hand, die so viele seiner Söhne in den Hades geschickt hatte.

Dann sagte er: *Hektor; seinetwegen bin ich zu den Schiffen gekommen, los ihn zu kaufen von dir mit unermeßlichen Gaben. Achilleus, erbarme dich meiner, denn ich dulde, was nie noch ein Mensch auf Erden erduldet.*

Im Leid vereint, hob Achilleus den Greis vom Boden auf und sagte: »Du Ärmster, was hast du nicht schon alles erleiden müssen. Und dann wagst du dich auch noch in unser Lager! Wenn Agamemnon davon erfährt, bist du verloren.«

Er ließ die Mägde Hektors Leichnahm herrichten, anschließend betteten sie ihn auf ein Lager und hoben ihn auf Priamos' Wagen.

»Dein Sohn ist frei«, sagte Achilleus. »Morgen früh kannst du ihn mitnehmen. Erst aber sollten wir uns ausruhen und etwas essen.«

Priamos nahm die Einladung dankbar an; zwölf Tage war sein Sohn bereits tot, und in der ganzen Zeit hatte er noch nichts zu sich genommen.

Er schlief noch nicht lange, da weckte ihn Hermes: »Wenn ihr bis morgen früh wartet, werdet ihr nicht ungesehen aus dem Lager kommen.«

Und so spannte Hermes ihnen die Tiere an und führte sie unbemerkt aus dem Lager.

In der Morgendämmerung erreichten sie die Stadt. Priamos' schöne Tochter Kassandra, die sich beim Tempel aufhielt, sah sie kommen. Ihre Klagelaute erfüllten die Gassen Trojas, und alle Bewohner fanden sich zum Trauergeleit ein. Im Palast lagerte man Hektor auf ein kunstvolles Bett, ihm zur Seite wurden Sänger postiert. Andromache und Hekabe beklagten den Toten, und auch die selbstmitleidige Helena konnte sich nicht verkneifen, ihr Schicksal zu bejammern:

Hektor, du warst mir im Herzen der liebste von all meinen
Schwägern.
Wohl ist jetzt mein Gemahl der göttliche Herr Alexandros
(Paris),
der mich nach Troja gebracht –, o wär' ich zuvor doch gestorben!
... sooft mich ein andrer im Hause verwies und beschimpfte,
...
Hieltest du stets ihn zurück und redetest immer zum Guten.
...
Drum bewein' ich mit dir zugleich mein eigenes Unglück;
Denn kein anderer weit und breit im troischen Lande
Will mir noch wohl und ist gut; sie meiden mich alle voll
Abscheu.

Achilleus hatte Priamos zwölf Tage Zeit gegeben. Neun davon nutzten die Trojaner, um Holz in die Stadt zu bringen, am zehnten wurde Hektor verbrannt. Tags darauf verschloß man seine Gebeine und versenkte sie in einer Gruft. Abends wurde das Ehrenmahl ausgerichtet.

Das Schicksal der Stadt aber lauerte unten bei den Schiffen.

Das war's?

Mit der Auslösung Hektors durch Priamos und der Leichenfeier endet die *Ilias*. Was aber wurde aus den Helden, die bis hierher überlebt hatten? Was geschah mit Helena? Wo bleiben das trojanische Pferd, das brennende Troja? Homers Epos ist der erste und gleichzeitig größte Cliffhanger der Literaturgeschichte: 16 000 Hexameter, und der Untergang Trojas bleibt dem Leser vorenthalten.

Doch den Fall und die Zerstörung der Stadt mußte Homer nicht mehr erzählen. Die Sage war damals jedem bekannt, man wußte, wie die Geschichte ausging. Ein bißchen kommt es einem so vor, als habe Homer, nach all dem Greuel und schrecklichen Blutvergießen, seinen Zuhörern den endgültigen Niedergang, die Bilder des brennenden Troja und in die Sklaverei verschleppter Kinder und Frauen, ersparen wollen.

Für diejenigen, die wissen möchten, wie der Krieg um Troja ausging und was es mit dem Pferd auf sich hat, hier ein Abriß des Teils der Geschichte, den Homer uns in der *Ilias* vorenthält:

Zunächst bekamen die entmutigten Trojaner noch einmal unerwartet Hilfe, und zwar von der vielleicht exotischsten Frau der klassischen Sagenwelt: Penthesilea, die Königin der Amazonen, kam mit einigen Heldinnen aus dem kleinasiatischen Pontus und schwor Priamos, sie selbst werde Achilleus töten. Sie war eine echte Ausnahmeerscheinung: Ihr Vater war Ares höchstpersönlich, in ihr waren auf geheimnisvolle und einzigartige Weise göttlicher Liebreiz mit dem Ausdruck des Schrecklichen verbunden – eine unwiderstehliche Mischung.

Zu Dutzenden raffte sie die Griechen dahin; gegen Achilleus aber hatte auch sie keine Chance: Er durchbohrte sie mit seinem Speer und ihr Pferd gleich mit. Als er ihr jedoch den Helm vom Kopf zog, wurde er ganz starr vor Ergriffenheit, so anmutig sah sie selbst im Tode noch aus.

»Die hätte etwas für mich sein können«, dachte er.

Den Trojanern ging abermals die Luft aus, man erwog die Flucht aus der Stadt. In letzter Minute aber traf der sehnlichst erwartete Memnon mit seinem Heer aus Äthiopien ein. Priamos war sein Onkel, er selbst ein Sohn der Göttin Eos. Er tötete Antilochos und konnte sogar Achilleus verwunden, zum Schluß aber mußte auch er sich ihm, wie alle anderen Sterblichen, geschlagen geben.

Der Tod ihres Sohnes ging Eos sehr nahe, und sie schickte die Winde, um seine Leiche durch die Lüfte aus der Schlacht zu tragen. Aus dem Blut, das dabei auf den Boden tropfte, entsprang ein Fluß, der noch in späteren Zeiten jedes Jahr an Memnons Todestag zu fließen begann und den Geruch von Fäulnis und Verwesung verbreitete.

Achilleus führte die Griechen bis an die trojanischen Mauern und schickte sich an, das Stadttor aus den Angeln zu heben, aber Apollon schwebte eilends vom Olymp herab und warnte ihn, er solle die Finger davon lassen.

»Weg mit dir!« entgegnete Achilleus voller Übermut. »Du hast mich lange genug erzürnt!«

Das konnte ein Gott vom Format Apollons natürlich nicht ungestraft durchgehen lassen: Er hüllte sich in Nebel und schoß Achilleus einen Pfeil in seine verwundbarste Stelle – die Ferse. Unter grausamen Schmerzen kämpfte Achilleus weiter, aber Götter waren Götter und Menschen sterblich; selbst der mächtigste unter den Sterblichen mußte sich der Kraft von Apollons Pfeil beugen. So brach zuletzt auch Achilleus zusammen und hauchte sein Leben aus.

Der »große« Ajax verteidigte den Leichnam des unvergleichlichen Helden, und so konnten die Griechen Achilleus zu den Schiffen bringen, wo er von seiner Mutter Thetis betrauert wurde. Nachdem man ihn ehrenvoll verbrannt hatte, wurden seine Gebeine neben denen seines Freundes Patroklos versenkt.

Bei den Leichenspielen wollte Thetis die Waffen ihres Sohnes an einen würdigen Nachfolger weitergeben; Ajax und Odysseus gerieten darüber in einen wilden Streit. Zum Schluß wurden die gefangenen Trojaner – weil unabhängig in ihrer Entscheidung – zu Richtern berufen und erkannten sie Odysseus zu. Ajax war so außer sich, daß Athene ihn zeitweise dem Wahnsinn anheimfallen ließ, um zu verhindern, daß er auf seine eigenen Mitstreiter oder Odysseus losging. In dem Glauben, er räche sich an den Griechen, metzelte er eine Herde Schafe nieder, die er für Gegner hielt.

Als er wieder bei Verstand war, lastete die Schmach seiner Tat so schwer auf seiner Seele, daß er seinem Halbbruder Teukros auftrug, sich nach der Rückkehr um die Erziehung seines Sohnes Eurysakes zu kümmern, und sich in sein Schwert stürzte.

Die von Götterhand erbaute Stadtmauer Trojas hatte sich tatsächlich als unüberwindlich erwiesen. Nachdem Achilleus und Ajax tot waren, sank die Hoffnung, sie jemals erstürmen zu können. Auf Anraten des Sehers Kalchas wurden Odysseus und Diomedes, die zwei größten verbliebenen Helden, nach Skyros geschickt. Von dort sollten sie den inzwischen herangewachsenen Neoptolemos herbeiholen, Achilleus' Sohn.

Mit ihm kehrte neuer Kampfesmut ins Heer zurück, und wieder brachten die Griechen die Trojaner in arge Bedrängnis. Die Stadt aber blieb ihnen verschlossen. Erneut mußte Kalchas ran: Diesmal ließ er verlauten, man müsse Philoktetes mit seinen Pfeilen von der Insel Lemnos holen.

Der berühmte Bogenschütze war einst von Herakles mit

Johann Heinrich Füssli »Thetis beweint den toten Achilleus«
(1780)

dessen Pfeilen beschenkt worden und später als ehemaliger Freier Helenas mit gegen Troja gesegelt. Auf dem Weg dorthin aber wurde er bei einem Zwischenstop von einer Schlange gebissen. Die Bißstelle entzündete sich, und die Schreie seiner Qual und der Geruch der Wunde entnervten seine Mitfahrer derart, daß Odysseus den Schlafenden schließlich auf Lemnos aussetzen mußte.

Odysseus und Neoptolemos schafften ihn herbei, und Podalirios, Bruder Machaons und ebenfalls Arzt, gelang es, nach all den Jahren endlich seine Wunde zu heilen. Wieder bei Kräften, nahm Philoktetes an der Schlacht teil und schoß Paris einen vergifteten Pfeil in die Lende. Da keine Aussicht auf Heilung bestand, befolgte Paris einen alten Orakelspruch, der besagte, daß nur seine damals für Helena verstoßene Frau Önone ihm in größter Not zu helfen vermöge.

Unter fürchterlichen Schmerzen ließ er sich zu ihr auf den Ida hinauftragen und flehte sie an, ihm zu helfen, aber die

Nymphe sah nicht ein, weshalb sie sich mit einem Mann versöhnen sollte, der sich nur an sie erinnerte, weil er in Not war, und schickte ihn fort.

Später bereute sie ihre Hartherzigkeit und eilte dem einstigen Geliebten hinterher. Als sie ihn endlich fand, war es jedoch zu spät: Er war den Folgen seiner Verletzung erlegen und brannte auf einem kleinen Scheiterhaufen, den ein paar Schafhirten aufgestapelt hatten. Aus Gram stürzte sie sich in die Flammen und verbrannte mit ihm.

Auch Paris' Tod brachte die Griechen der Eroberung Trojas nicht näher. Einmal gelang es Alkimedon, dem Führer der fünften Schar der Myrmidonen, die mit Achilleus nach Troja gekommen waren, bei einem Gefecht an einer unverteidigten Stelle eine Leiter anzulehnen, aber mehr als ein Blick über die Mauer sprang dabei nicht heraus. Äneas traf ihn mit einem Stein, unter dessen Wucht nicht nur Alkimedon, sondern auch die Leiter zusammenbrach. Im Sturm, so schien es, würde sich die Stadt niemals erobern lassen. Ein Mann mit Ideen mußte her.

Ein Königreich für ein Pferd

Natürlich war es der listige Odysseus, der die auf den ersten Blick abstruse Idee mit dem Pferd hatte. Der Plan war folgender: Die wagemutigsten Kämpfer, unter ihnen Neoptolemos, Odysseus, Menelaos, Diomedes, Meriones und der »kleine« Ajax, sollten sich im Bauch eines riesigen hölzernen Rosses verstecken, während die anderen den Abzug vortäuschen und zur nahe gelegenen Insel Tenedos fahren sollten. Einer aber sollte außerhalb des Pferdes zurückbleiben, sich als Flüchtling ausgeben und die Trojaner dazu bewegen, das Pferd in die Stadt zu ziehen. Wenn alle schliefen, sollte er dann der griechischen Flotte mit einer Fackel ein Zeichen geben und den im Pferd Wartenden signalisieren, daß sie herauskommen könnten. Der Rest würde sich ergeben.

El Greco »Laokoon«
(1604–1614)

Epeos, der bei Patroklos' Leichenspielen den Faustkampf gewonnen hatte, machte sich an die Arbeit, und nach nur drei Tagen war das riesige Wunderwerk vollendet. Sinon, ein bis dahin unauffällig gebliebener junger Mitstreiter, stellte sich als falscher Flüchtling zur Verfügung, und so stiegen die Helden in das Pferd, und die Flotte segelte von dannen.

Als die Trojaner entdeckten, daß die Griechen offensichtlich ihre Belagerung beendet hatten, liefen sie hinunter zur Landestelle und wunderten sich sehr über das überdimensionale Bauwerk, das die Feinde dort zurückgelassen hatten. Sinon wurde, wie geplant, entdeckt, gefangengenommen und in den Palast geführt. Er bot eine überzeugende Vorstellung und log Priamos das Blaue vom Himmel herunter: Man habe ihn opfern wollen, er aber noch rechtzeitig fliehen können. Das riesige Pferd sei ein Weihgeschenk an Athene, um sie zu besänftigen, nachdem Odysseus heimlich ihr Standbild aus dem

121

trojanischen Tempel gestohlen hatte. Man habe es absichtlich so groß gefertigt in der Hoffnung, daß die Trojaner nicht versuchen würden, es in die Stadt zu bringen, sondern es statt dessen zerstörten, was den Zorn Athenes zur Folge hätte.

Die Trojaner ließen sich um den Finger wickeln. In der Überzeugung, damit die Gunst Athenes zu gewinnen, montierten sie Räder an das monströse Roß und zogen es trotz der Warnungen des Priesters Laokoon und der Seherin Kassandra unter Jubelgeschrei in die Stadt. Ganz Troja feierte ausgelassen den unerwarteten Triumph, und bereits um Mitternacht lagen die Bewohner in trunkseligem Schlummer. Sinon, der sich schlafend gestellt hatte, schlich aus der Stadt, gab das vereinbarte Signal, und die Flotte setzte sich sofort in Bewegung. Die im Pferd eingeschlossenen Helden fieberten unterdessen ihrem Einsatz entgegen. Als Sinon endlich das Klopfzeichen gab, stahlen sie sich leise in die Nacht hinaus und verteilten sich lautlos über die Stadt.

Zeitgleich schlugen sie los und richteten unter den schlafenden Trojanern ein grausames Massaker an. Es dauerte nicht lange, und das inzwischen gelandete Heer stürmte durch das geöffnete Tor ebenfalls in die Stadt. Innerhalb kurzer Zeit waren die Unterstadt von Getöteten und Verletzten übersät, die Häuser verwüstet und geplündert. Die Stadt ging in Flammen auf.

Um die Burg des Priamos entbrannte ein heftiges Gefecht, aber auch sie fiel. Priamos wußte, daß sein Schicksal besiegelt war. Er betete vor einem Altar, als Neoptolemos zu ihm trat.

»Erlöse mich ruhig von meinen Qualen«, sagte Priamos, und Neoptolemos ließ sich nicht lange bitten.

Helena hatte sich in einem verborgenen Winkel des Palastes versteckt, Menelaos aber entdeckte sie. Am liebsten hätte er seine untreue Gattin in den Hades geschickt, aber Aphrodite stattete sie mit einem solchen Liebreiz aus, daß er nicht anders konnte, als sich wieder mit ihr zu versöhnen.

Äneas, der so oft den Griechen die Stirn geboten hatte,

Raffael, Stanza dell'Incendio di Borgo (Ausschnitt)
»Äneas verläßt mit seinem Vater und seinem Sohn das brennende Troja«
(1514)

mußte sich nach langem Kampf der Ausweglosigkeit der Situation beugen: Er nahm seinen kranken Vater auf den Rücken, den Sohn an die Hand und floh aus der Stadt. Außer ihnen entkam niemand. Von einigen Alten und Verwundeten abgesehen, wurden in nur einer Nacht alle Bewohner Trojas getötet oder gefangengenommen.

Vor der Abfahrt der Flotte sollte das Wertvollste aus der Beute Achilleus geopfert werden; so hatte er es seinem Sohn Neoptolemos in einem Traum aufgetragen. Alle Schätze wurden herangeschafft, und lange war man sich uneinig. Als aber die unvergleichlich schöne Priamostochter Polyxena herbeigeführt wurde, war die Entscheidung gefallen: Sie mußte es sein, die Achilleus gemeint hatte. (Es wurde ohnehin gemunkelt, daß Achilleus während der Schlacht mit der auf der Mauer Stehenden vielsagende Blicke ausgetauscht habe.) Zu einer Opferung allerdings kam es nicht – Polyxena stieß sich selbst einen Dolch ins Herz.

In alle Winde

Bei der Erstürmung Trojas hatte der »kleine« Ajax den Zorn einer Göttin auf sich geladen – und nicht irgendeiner beliebigen: Als Athene sah, wie er ihre Priesterin Kassandra an den Haaren aus ihrem – Athenes! – Tempel schleifte, fand sie, damit hätten die Griechen den Bogen überspannt, und sann auf Rache. Die Rückfahrt der Flotte schien der dafür geeignete Moment zu sein: In einer konzertierten Aktion mit Poseidon und Äolos, dem Beherrscher der Winde, schickte Athene den Heimkehrenden einen fürchterlichen Sturm.

Die meisten Schiffe sanken. Die Verbündeten, die sich nach zehn Jahren Kampf um Troja auf die Rückkehr in ihre Heimat gefreut hatten, ertranken jämmerlich in den Fluten. Auch Ajax, der sich zunächst noch aus dem von Athene zerschmetterten Schiff retten konnte, mußte sich schließlich von Poseidon im Meer unter einem Felsblock begraben lassen. Er war so unvorsichtig gewesen, den Meeresgott zu beleidigen, nachdem er sich gerettet geglaubt hatte. Unter den wenigen, denen die Heimkehr glückte, befanden sich:

Agamemnon: Den Griechenfürsten, den uns Homer als selbstsüchtig, uneinsichtig und seinen Mitmenschen gegenüber wenig mitfühlend zeigt, erwartete ein unschönes Schicksal: Seine Gattin Klytämnestra hatte sich während seiner Abwesenheit heimlich mit seinem Cousin Ägisthos eingelassen, der seit einiger Zeit auch sein Reich verwaltete. Bei der erstbesten Gelegenheit wurde Agamemnon von ihm erschlagen. Sieben Jahre später allerdings sollte dessen in Athen lebender Sohn Orestes zurückkommen und die Ermordung seines Vaters rächen.

Diomedes: Über die Zukunft des Mannes, dessen Heldentaten insbesondere im fünften Gesang der *Ilias* hervorgehoben werden, gibt es unterschiedliche Überlieferungen. In den folgenden Punkten herrscht jedoch weitgehende Übereinstimmung: Seine Frau Ägialea wurde ihm untreu, weshalb er seine Heimat Argos wieder verließ und irgendwann in Italien landete, wo er sich mit dem König Daunus anfreundete und dessen Tochter zur Frau nahm. Er beerbte Daunus als König und gründete zahlreiche Städte auf der Ostseite Unteritaliens.

Idomeneus: Auf dem Weg nach Kreta geriet der schöne und edelmütige Kriegsheld in einen schweren Sturm. Er gelobte Poseidon, ihm das erste zu opfern, das ihm bei seiner Heimkehr begegnete, wenn ihn der Meeresgott dafür vor dem Tod bewahre. Idomeneus überlebte den Sturm, doch zu Hause kam ihm als erstes sein geliebter Sohn entgegen. Er opferte ihn. Später mußte er vor dem Ausbruch der Pest nach Italien fliehen, wo er sich auf dem salentinischen Vorgebirge niederließ.

Teukros: Der vortreffliche Bogenschütze wollte zur Insel Salamis zurückkehren, wurde jedoch von seinem Vater verstoßen, weil er den Tod seines Halbbruders Ajax nicht gerächt hatte. Notgedrungen wanderte er nach Zypern aus, wo er die Stadt Salamis gründete.

Menelaos und Helena: Den Wiedervereinten gelang nach siebenjähriger Irrfahrt die Heimkehr nach Sparta. Ihre einzige Tochter Hermione wurde später, nach Homer, mit Neoptolemos vermählt. In der *Odyssee* verheißt ein Meeresgott namens Proteus dem Menelaos, daß er und Helena als Schwiegersohn beziehungsweise Tochter des höchsten Gottes nicht sterben, sondern Eingang ins Elysium finden würden, den Aufenthaltsort der Seligen. Wenn alles gutgegangen ist, sitzen sie dort noch heute.

III. DIE ODYSSEE

Spielball der Götter

Sage mir, Muse, die Taten des vielgewanderten Mannes,
Welcher so weit geirrt, nach des heiligen Troja Zerstörung,
Vieler Menschen Städte gesehn und Sitte gelernt hat
Und auf dem Meere so viel unnennbare Leiden erduldet,
Seine Seele zu retten und seiner Freunde Zurückkunft.

Wie die *Ilias*, so beginnt auch die *Odyssee* mit einer Vorrede (Proömium), dem Musenanruf. Der Krieg war vorbei, Troja zerstört. Die Griechen, die den Kampf überlebt hatten, traten die Heimreise an. Odysseus hatte mit seinen zwölf Schiffen eine vergleichsweise beschwerliche Fahrt vor sich: Als Fürst von Ithaka mußte er südlich um die Peloponnes herum und anschließend wieder nach Norden bis auf die Höhe von Chalkis segeln, um zu seiner Heimatinsel zu gelangen, wo seine geliebte Familie seit zehn Jahren auf ihn wartete.

Zunächst jedoch trieb ihn der Wind nach Norden, zur Stadt Ismaros im Land der Kikonen, dem heutigen Thrakien. Das war zwar nicht vorgesehen, aber da man schon mal dort war, wollte man die Stadt natürlich nicht ungeplündert zurücklassen: *Da verheert' ich* (Odysseus) *die Stadt und vertilgte die Männer. Aber die blühenden Frau'n und die Schätze teilten wir all unter uns gleich, daß keiner leer von der Beute mir ausging.*

In ihrem Siegestaumel veranstalteten die Griechen ein üppiges Gelage und vergaßen darüber die aus der Stadt vertriebenen Kikonen, die sich in der Zwischenzeit Hilfe aus der Umgebung geholt hatten. Es kam erneut zum Kampf. Die überraschten Griechen unterlagen, 72 Mann wurden getötet, die übrigen mußten fliehen.

Ein heftiger Sturm zerriß ihnen die Segel, und die völlig entkräftete Mannschaft mußte ihre Reise für zwei Tage unterbrechen. Am dritten Tag aber zeigten sich die Winde wieder versöhnlich und trugen sie schnell in Richtung Heimat. Die Fahrt verlief reibungslos, nichts schien sie mehr aufhalten zu können. Sie umsegelten bereits die Südspitze der Peloponnes, als sie doch noch eine böse Überraschung erlebten: *Da warfen uns plötzlich die Flut und der Strom und der Nordwind fern von Kythere.*

Und dieses Ereignis markierte den Beginn von Odysseus' beispielloser Irrfahrt.

Vegetarier und Kannibalen

Neun Tage lang trieb sie der Sturm von ihrem eigentlichen Ziel weg in südliche Richtung über das Meer, dann stießen sie auf eine Insel, das heutige Djerba. Die Bewohner hießen Lotophagen und stellten sich als ausgesprochen friedfertige Vegetarier heraus, die den an Fleisch gewöhnten Griechen Lotosfrüchte anboten. Drei von Odysseus' Männern kosteten davon und waren von der süßen Frucht so bezaubert, daß sie bleiben und ihr Leben fortan als Lotospflücker fristen wollten. Das kam natürlich nicht in Frage. Odysseus trieb seine weinenden Gefährten mit Gewalt wieder zu den Schiffen und trat eilig die Rückfahrt an, bevor noch mehr seiner Mitstreiter von dem Lotos kosten und ihre Heimat vergessen würden.

Auf ihrem Weg nach Norden durchquerten sie das Reich der Kyklopen (Sizilien, Umgegend des Ätna), grobschlächtiger, gesetzloser Riesen ohne jegliches Sozialgefühl, die

Nimmer pflanzen noch sä'n und nimmer die Erde beackern.
Dort ist weder Gesetz noch öffentliche Versammlung,
Sondern sie wohnen all' auf den Häuptern hoher Gebirge
Rings in gewölbten Grotten, und jeder richtet nach Willkür
Seine Kinder und Weiber und kümmert sich nicht um den
andern.

Gegenüber der Bucht der Kyklopeninsel, weiter gen Norden, stießen Odysseus' Mannen auf ein dichtbewaldetes Gebiet. Die Nacht war hereingebrochen, doch sie hatten Glück. Trotz völliger Dunkelheit fanden sie den Weg in eine sichere Bucht. Bei Tagesanbruch erkundeten sie das unbekannte Land und erjagten Ziegen für die Mannschaft. Unweit der Landestelle stieg Rauch empor (wahrscheinlich der Vesuv), und man konnte Stimmen und das Blöken von Ziegen und Schafen vernehmen. Was für Wesen dort wohl leben mochten? Der notorisch neugierige Odysseus nahm sich vor, es herauszufinden.

Am folgenden Morgen rüstete er ein Boot aus und ließ sich hinüber zum benachbarten Gestade rudern. Dort entdeckten sie eine riesige Felsenhöhle und Tiergehege, die aus eingegrabenen Steinen, Eichen- und Fichtenstämmen erbaut worden waren. Odysseus wählte zwölf seiner Begleiter aus und ging mit ihnen von Bord.

Sie fanden die Höhle verlassen, aber in den Ställen drängten sich Ziegen und Schafe, und überall standen Körbe mit Käse sowie mit Molke gefüllte Wannen und Eimer. Gegen den Rat seiner Freunde, die vorschlugen, man solle sich von den Vorräten nehmen und schleunigst wieder verschwinden, entschied Odysseus, zu bleiben. In dieser Behausung schien ein Riese zu leben – den mußte er einfach zu Gesicht bekommen. Und vielleicht durfte man ja auch auf ein Gastgeschenk hoffen.

Der Riese war, wie sich bald herausstellte, ein Kyklop. Als er zurückkehrte, trieb er die Schafe und Ziegen zum Melken in die Höhle und schob mit seinen bloßen Händen einen mächtigen Felsblock vor den Eingang. Bei seinem Anblick fuhr Odysseus und seinen Begleitern das Entsetzen in die Glieder, und sie versteckten sich im hinteren Teil der Höhle. Vergebens: Als der Kyklop Feuer machte, entdeckte er sie.

Odysseus bat ihn, ihnen das Gastrecht zu gewähren, das sei schließlich ein Gebot der Götter. Dem Kyklop gebrach es nicht an Selbstbewußtsein: *Wir Kyklopen kümmern uns nicht um den Ägiserschüttrer* (Zeus), *noch um die seeligen Götter, denn wir sind besser als jene!* Und er fuhr auf und

> *streckte nach meinen* (Odysseus') *Gefährten die Hand aus,*
> *Deren er zweie griff und wie junge Hund' auf den Boden*
> *Schmetterte: blutig entspritzt' ihr Gehirn und netzte den Boden.*
> *Dann zerstückt' er sie Glied für Glied und tischte den*
> *Schmaus auf,*
> *Schluckte darein wie ein Leu des Felsengebirges und*
> *verschmähte*
> *Weder Eingeweide, noch Fleisch, noch die markigen Knochen.*

Nachdem der Riese die beiden verspeist hatte, legte er sich zu seinen Tieren und schlief ein. Die bestürzten Griechen suchten fieberhaft nach einer Fluchtmöglichkeit. Odysseus überlegte, ob er versuchen sollte, dem Riesen mit dem Schwert die Brust zu durchbohren, aber wie hätten sie dann den Felsblock vom Höhleneingang entfernen sollen? Es blieb ihnen nichts anderes übrig, als bis zum nächsten Morgen zu warten und auf ihre Chance zu hoffen. Doch der nächste Tag brachte noch mehr Leid: Bevor der Kyklop die Höhle verließ und sie hinter sich verschloß, verschlang er zwei weitere von Odysseus' Gefährten, und am Abend, als er wiederkam, tat er das gleiche noch mal.

Das konnte Odysseus nicht länger tatenlos mit ansehen. Als sie an Land gegangen waren, hatte er einen Weinschlauch mitgenommen. Den leerte er jetzt in den hölzernen Napf des Kyklopen: »Hier«, sagte er und reichte ihm das Gefäß. »Der paßt hervorragend zu Menschenfleisch.«

Der Kyklop kannte Wein, aber nicht so guten wie diesen, und so ließ er sich seinen Napf gleich noch einmal füllen. Das Getränk zeigte Wirkung: Nach dem dritten Becher taumelte er rücklings hin, und *der allgewaltige Schlummer überwältigte ihn. Und seinem Rachen entstürzten Wein und Stücke von Menschenfleisch, die der Trunkene ausbrach.*

Jakob Jordaens »Odysseus in der Höhle Polyphems«
(1. Hälfte des 17. Jahrhunderts)

Odysseus und seine Helfer nahmen einen Pfahl aus Oliven-
holz, brachten ihn über dem Feuer zum Glühen und rammten
ihn dem Schlafenden ins Auge. Unter lautem Geschrei riß
sich der Geblendete den Stamm aus dem bluttriefenden Auge
und wütete fürchterlich, bekam aber Odysseus und seine
Helfer nicht in die Finger.

Später, als er die Tiere ins Freie lassen mußte, räumte er
unter qualvollen Schmerzen den Felsblock zur Seite und
stellte sich mit ausgebreiteten Armen vor den Eingang, damit
ihm keiner von Odysseus' Männern zusammen mit seinen
Schafen entwische. Odysseus aber hatte die Widder des Kyklopen heimlich zu Dreiergruppen zusammengebunden, unter die mittleren jeweils einen Gefährten geschnürt und sich
selbst im Bauchfell des kräftigsten Tieres festgekrallt. Der
Riese betastete die Rücken seiner Tiere, konnte aber nichts

Ungewöhnliches feststellen, und so entkamen Odysseus und seine Männer aus der Höhle und erbeuteten gleich noch die Schafe des Kyklopen.

Als sie, wieder an Bord, ein Stück gerudert waren und Odysseus sich in sicherer Entfernung glaubte, rief er: »He, Kyklop! Wenn dich mal einer fragen sollte, wer dir dein Auge so schrecklich geblendet hat, sag ihm, Odysseus war's!«

Der Kyklop schäumte vor Wut, riß riesige Felsbrocken aus dem Berg und schleuderte sie in die Richtung, aus der Odysseus' Stimme zu ihm drang (sie gruppieren sich heute als Felsen um die Insel Nisida).

»Das wird dich teuer zu stehen kommen«, schrie er. »Ich bin Polyphemos, Poseidons Sohn!«

Beschwörend hob er seine Hände zum Himmel und flehte seinen Vater an, er möge Odysseus, wenn schon nicht töten, so doch wenigstens an der Heimkehr hindern. Der Gott des Meeres erhörte seinen Sohn und schwor Rache.

Glück und Leid im Tyrrhenischen Meer

Odysseus setzte vorerst seine Reise fort und segelte wieder Richtung Süden, wo er als nächstes die Insel Äolia erreichte, auf der Äolos, der Beherrscher der Winde und Freund der Götter, mit seiner Familie lebte (wahrscheinlich Stromboli). Seine zwölf Kinder waren praktischerweise zu gleichen Teilen männlichen und weiblichen Geschlechts, so hatte er sie gleich miteinander vermählen können.

Der leidgeplagte Odysseus wurde freundlich aufgenommen. Einen ganzen Monat blieb er in Äolos' duftendem Palast, der tagsüber von Gesang erfüllt war, und wurde fürstlich bewirtet. Bei seiner Abfahrt erhielt er als Geschenk einen Schlauch aus Stierfell, in den sein Gastgeber zerstörerische Winde eingenäht hatte, dazu ließ Äolos einen geeigneten

Joseph Mallord William Turner »Odysseus verspottet Polyphem«
(um 1829)

Westwind wehen, der Odysseus und seine Männer schnell in ihre Heimat führen sollte.

Neun Tage segelten sie unbeschadet über das Meer, als endlich Ithaka, die langersehnte heimische Insel, vor ihnen auftauchte – jetzt konnte nichts mehr schiefgehen. Odysseus, der es die ganze Zeit über strikt abgelehnt hatte, einen anderen ans Ruder zu lassen, schlief vor Entkräftung glücklich ein. Doch sollte ihn nicht, wie erhofft, die Ankunft im heimischen Hafen wecken, sondern ein fürchterlicher Sturm; einige seiner Männer hatten ihre Habgier nicht bezwingen können und leichtsinnig Äolos' Windschlauch geöffnet, weil sie Schätze darin vermuteten. So verschlug es Odysseus und seine Crew geradewegs zurück nach Äolia.

Diesmal war der Empfang weniger freundlich: Bei Odysseus' Unglück mußte man annehmen, daß göttliche Absicht dahintersteckte. Äolos: *Hebe dich weg, du kommst mit dem Zorne der Götter beladen!* Die Griechen mußten sofort wieder in See stechen.

Eine Woche waren sie unterwegs, dann gelangten sie zur

Stadt Telepylos, die durch ihre vielen Türme weithin erkennbar war. Hoch aufragende Gesteinsformationen umschlossen den Hafen, und zwei weit ins Meer ausgreifende Felsen bildeten einen engen Eingang (ein Ort an der Meerenge zwischen Korsika und Sardinien). Odysseus' Gefährten steuerten ihre Schiffe bedenkenlos in das Hafenbecken, ihm selbst jedoch war die bedrohliche Szenerie nicht geheuer, und er band sein Schiff am Eingang zur Bucht an einem Felsen fest, obgleich das Wasser hier wesentlich unruhiger war.

Seine Vorsicht sollte sich bezahlt machen. Seinen Begleitern wurde die Bucht zum schrecklichen Verhängnis: Die Gegend nämlich wurde von den Lästrygonen bewohnt, die mit ungebetenen Gästen ähnlich verfuhren wie die Kyklopen:

> *... sie glichen nicht Menschen, sondern Giganten.*
> *Und von den Höhen schleuderten sie unmenschliche, schwere*
> *Steine herab; da entstand in den Schiffen ein schreckliches*
> *Getümmel,*
> *Sterbender Männer Geschrei und das Krachen zerschmetterter*
> *Schiffe.*
> *Und man durchstach sie, wie Fische, und trug sie zum*
> *scheußlichen Fraße.*

Odysseus gelang die Flucht, aber von den ehemals zwölf Schiffen war nur noch sein eigenes übrig.

Kirke

Wieder stieß Odysseus auf eine Insel; diesmal schien sie unbewohnt zu sein. Die Mannschaft ging an Land und ließ sich ins Gras fallen. Zwei Tage benötigten die Gefährten, um wieder zu Kräften zu kommen, am dritten ging Odysseus die Insel erkunden. Von der Höhe eines Felsens bemerkte er, wie von der Mitte des Eilands Rauch aufstieg. Zurück im Lager, teilte er seine Mannschaft in zwei Gruppen. Die eine führte er selbst an, die andere unterstellte er dem Befehl seines Freundes Eurylochos. Das Los entschied, welche Gruppe die Quelle des Rauches erkunden sollte – und traf die des Eurylochos. Die Männer gingen nur widerwillig; die Begegnungen mit den Lästrygonen und dem Kyklopen waren ihnen noch lebhaft in Erinnerung.

Es stellte sich heraus, daß die Quelle des Rauches ein Palast war. Als sie dort eintrafen, sahen sie sich plötzlich von Wölfen und Löwen umringt und erwarteten, augenblicklich zerfleischt zu werden. Zu ihrem Erstaunen jedoch gaben sich die Tiere nicht nur eigentümlich zahm, sie stiegen sogar schmeichelnd an ihnen empor und wedelten mit den Schwänzen, als wollten sie die Gäste willkommen heißen. Aus den Mauern des Palastes drang der Gesang einer Frau, und als die Männer sich bemerkbar machten, erschien eine zierliche gelockte Schönheit und bat sie herein.

Bei der Frau handelte es sich um die Zauberin Kirke. Sie entstammte einem prominenten Elternhaus. Ihre Mutter war Perse, eine Tochter des Okeanos und der Thetis, ihr Vater der Sonnengott Helios. Letzterer hatte sie auf der Insel Aia ausgesetzt (das heutige Circeo in Italien), die Kirke daraufhin in einen Ort voller Annehmlichkeiten verwandelte. Leider war sie von gehässigem Charakter.

Während sie die Männer mit feinen Speisen verköstigte, wartete Eurylochos vor dem Palast – er hatte ein ungutes Gefühl bei der Sache. Wie sich herausstellte, waren die Speisen vergiftet, und als Kirke die Männer nun mit ihrem Stab berührte, verwandelten sie sich in Schweine und wurden von der Zauberin in Käfige gesperrt.

Der entsetzte Eurylochos floh, so schnell ihn seine Beine trugen, und es dauerte einige Zeit, bis er sich wieder so weit im Griff hatte, daß er Odysseus erzählen konnte, was passiert war. Der nahm sofort Schwert und Bogen und machte sich selbst auf den Weg zum Palast. Das hätte ihn ins Verderben führen können, doch zum Glück hatten die Götter ein Auge auf ihn, und so war es kein Zufall, als ihm unterwegs Hermes begegnete und ihm ein Kraut gab, das ihn gegen Kirkes Zauber immun machte. Als Kirke Odysseus nach dem Mahl mit dem Stab berührte und die erwartete Wirkung ausblieb, war sie empört: »Noch nie hat ein Mann diesem Zauber widerstanden! Du bist nicht etwa dieser weitgereiste Odysseus, von dem ich schon so viel gehört habe?«

Als Antwort setzte Odysseus ihr sein Schwert an die Kehle, aber Kirke war eine pragmatische Frau, und der griechische Held war von einer Sorte, wie sie sich nicht jeden Tag auf ihre Insel verirrte.

»Laß uns miteinander ins Bett gehen«, schlug sie vor, entzauberte seine Gefährten und lebte ein ganzes Jahr lang mit Odysseus in Saus und Braus. Odysseus hätte es noch länger ausgehalten, aber seine Gefolgsleute hatten keine Kirke, die mit ihnen das Lager teilte, und so ließ er sich überreden, die Zauberin um die Erlaubnis zur Abreise zu bitten.

»Ich werde dich nicht zwingen zu bleiben«, sagte Kirke, »aber bevor du deinen Heimweg antreten darfst, mußt du noch eine Prüfung bestehen: Du mußt in das Totenreich des Hades fahren und den blinden Propheten Tiresias nach deinem Schicksal befragen.«

Odysseus sank das Herz in die Knie, und er fing an, jämmerlich zu weinen. Aus dem Reich des Hades, in dem dessen Gemahlin Persephone ein unbarmherziges Regiment führte, war noch kein Sterblicher je zurückgekehrt, und der Seher Tiresias war der einzige Bewohner des Schattenreichs, dem Persephone seinen Verstand gelassen hatte.

Im Reich der Toten

Schweren Herzens bestiegen Odysseus und seine Männer ihr Schiff und segelten nach Süden. Bei Einbruch der Nacht erreichten sie die Grenzen des Totenreichs (wahrscheinlich die

Bucht von Neapel). Nachdem Odysseus an einer zuvor von Kirke bezeichneten Stelle Opfer dargebracht hatte, kamen viele Seelen Verstorbener aus dem Haus des Hades herauf, von denen er einige wiedererkannte.

Als er den Geist seiner Mutter unter ihnen wandeln sah, wurde er von einem sehnsüchtigen Schmerz überwältigt. Tränen rannen seine Wangen herab. Zuletzt hatte er Antiklea bei seiner Abfahrt von Ithaka gesehen. Wie nur war sie in das Reich der Toten gekommen? Wortlos setzte sie sich neben die Opferstelle und schien von ihrem Sohn keine Notiz zu nehmen.

Tiresias kam und trank von dem schwärzlichen Opferblut, dann sprach er zu Odysseus: »Ich sehe, du willst nach Hause zurückkehren. Das wird schwer werden, denn Poseidon sinnt auf Rache für den Sohn, den du ihm geblendet hast. Trotzdem kann es dir gelingen – vorausgesetzt, du und deine Freunde werdet euch nicht an Helios' Rindern und Schafen vergreifen, wenn ihr zur Insel Trinakria gelangt. Andernfalls wartet das Verderben auf euch. Du selbst magst dem Unglück entrinnen, wirst aber spät, unglücklich und ohne deine Freunde heimkehren.«

Nachdem Tiresias wieder ins Haus des Hades entschwunden war, schlürfte Antiklea von dem Opferblut, das ihr die Erinnerung an ihr früheres Leben zurückbrachte. Jetzt erkannte sie ihren Sohn. Wehmütig berichtete sie Odysseus, daß Telemachos und Penelope sich noch immer nach seiner Rückkehr verzehrten, sein Vater Laërtes inzwischen in Armut auf dem Land lebte und die Stadt mied und daß sie selbst aus Angst und Sehnsucht um ihn, ihren geliebten Sohn, gestorben sei. Odysseus versuchte seine Mutter in einer schmerzlichen Umarmung zu trösten, konnte sie aber nicht fassen.

Das ist das Los der Menschen, wann sie gestorben, sagte sie traurig. *Die Seele entfliegt und schwebt dahin, wie ein Traumbild.*

Die Seelen vieler verstorbener Frauen näherten sich ihm jetzt, unter ihnen Alkmene, die Mutter Herakles', Leda und

Iokaste, die Mutter von Ödipus. Dann trat Agamemnon aus dem Haus des Hades. Der Anblick seines einstigen Mitstreiters, mit dem er gemeinsam die Rückfahrt von Troja angetreten hatte, rührte Odysseus erneut zu Tränen. Agamemnon berichtete ihm, wie sein Cousin Ägisthos und seine Frau Klytämnestra ihn nach seiner Rückkehr hinterlistig erschlagen hatten und seine heimtückische Gemahlin sogar die mitgebrachte Kassandra ermordet hatte.

Noch mehr von Odysseus' Weggefährten kamen herbei: Achilleus, Patroklos, Antilochos und der edle Ajax. Odysseus berichtete Achilleus von den Heldentaten, die dessen Sohn Neoptolemos vollbracht hatte, und wollte die Gelegenheit nutzen, um sich mit Ajax auszusöhnen, der wortlos im Abseits stand und Odysseus noch immer nicht verziehen hatte.

»Willst du nicht wenigstens im Tode dem Groll entsagen?« bat ihn Odysseus, aber Ajax wußte, was er von Odysseus' Worten zu halten hatte, und kehrte nur stumm ins Totenreich zurück.

Auch anderen begegnete Odysseus: Er sah Tantalos, wie er seine furchtbaren Qualen erleiden mußte, Sisyphos, der wieder und wieder seinen Felsblock den Hügel hinaufstemmte, und auch den unvergleichlichen Herakles. Mehr und mehr Seelen drängten nun aus dem Haus des Hades, schließlich waren es Tausende. Odysseus wurde von Panik ergriffen. Er fürchtete, daß die grausame Persephone ihm den *Schrecken der Schrecken*, das Gorgonische Haupt, aus dem Hades heraufsenden könnte. Daher bestieg er eilig mit seinen Männern das Schiff und kehrte zu Kirke zurück.

Mut im Herzen, Wachs in den Ohren

Zurück auf Aia, wurde Odysseus von Kirke über die bevorstehenden Gefahren unterrichtet, denen sie auf ihrem Weg begegnen würden. Ihre Ausführungen waren nicht gerade ermutigend; objektiv betrachtet, durften sich Odysseus und seine Männer keinerlei Hoffnungen machen, die Fahrt ohne göttliche Hilfe zu überstehen. Selbst wenn es ihnen gelänge, unbeschadet die Insel der Sirenen (Capri oder eine kleine Inselgruppe gegenüber von Positano) zu passieren, die mit ihrem Gesang die Reisenden in den Schiffbruch trieben, so würde spätestens in der Meerenge bei den *irrenden Felsen*, wie sie von den Göttern genannt wurden, das Verderben auf sie warten. Dort würde sie ihr Weg zwischen zwei Felsen hindurch führen, die von der Skylla und der Charybdis bewohnt wurden (Skylla, eine Art Urform des Seeungeheuers, lebte auf der italienischen Seite der Meerenge von Messina, Charybdis auf der sizilianischen). Außer den Argonauten war noch kein Segler je mit heiler Haut an ihnen vorbeigekommen.

Im größeren der beiden Felsen, dessen Spitze stets von Wolken bedeckt war, hauste in einer Höhle die unbezwingbare Skylla. Bei Kirkes Beschreibung des schrecklichen Meeresungetüms packte Odysseus das schiere Grauen:

An ihrem Leibe hat sie zwölf unförmliche Füße
Und sechs Hälse, überlange, auf jeglichem Halse
Einen entsetzlichen Kopf, darin drei Reihen von Zähnen,
Zahllos, dicht gedrängt; drin lauert das schwarze Verderben.

Die untere Hälfte ihres Körpers steckte in der Höhle fest, aber mit ihren immerfort brüllenden Köpfen verschlang sie jeden, der sich in ihre Reichweite vorwagte.

Gegenüber, auf dem kleineren Felsen, lebte unter einem Feigenbaum Charybdis, eine Tochter von Gäa und Poseidon. Auch sie war von wenig umgänglichem Charakter: Einst hatte sie Herakles' Rinder verspeist, weshalb Zeus sie mit einem seiner gefürchteten Blitze ins Meer schleuderte. Leider behielt sie auch dort ihre gefräßige Art bei: Dreimal am Tag sog sie das Meerwasser in einem fürchterlichen Strudel ein und spie es wieder aus. Gerne verschlang sie bei dieser Gelegenheit ganze Schiffe. Um ihr nicht zu nahe zu kommen, mußte sich

Odysseus dicht am Felsen der Skylla halten und darauf hoffen, möglichst glimpflich davonzukommen.

Kirke schickte ihnen günstige Winde, und Odysseus und seine Mannschaft segelten zielstrebig ihrer Bestimmung entgegen. Doch als sie in die Nähe der Sireneninsel gelangten, legte sich plötzlich eine unheimliche Windstille über das Meer, und das Wasser schien völlig bewegungslos. Die Männer holten das Segel ein und ruderten weiter. Wie Kirke ihm geraten hatte, verstopfte Odysseus die Ohren seiner Freunde mit weichem Wachs, sich selbst aber ließ er an den Mast binden, denn er wollte den Gesang hören, von dem man sich erzählte, daß er einem den Verstand raubte.

Und tatsächlich: Als die beiden mythischen Wesen das Schiff erblickten, erhoben sie ihre Stimmen, und ihr süßer Gesang bezwang Odysseus' Willen. Er flehte seine Freunde mit Blicken an, ihn loszubinden, doch die fesselten ihn nur noch stärker an den Mast, und so überstanden sie die Gefahr.

Bei den »irrenden Felsen« trieb Odysseus seine Männer an, mit aller Kraft zu rudern, und schärfte dem Steuermann ein, möglichst dicht am Felsen der Skylla zu bleiben und ja nicht in Charybdis' Nähe zu kommen. Die tobte gerade, daß ihr siedender Strudel abwechselnd zum Gipfel des Felsens hinaufspritzte, um dann wieder im Schlund der Erde zu versinken und das Meer mit sich hinabzureißen. Während die Männer das furchtbare Schauspiel in Todesangst verfolgten, kamen plötzlich von der anderen Seite die Köpfe der Skylla aus ihrer Höhle hervor und raubten sechs von ihnen aus dem Schiff. Als Odysseus, der auf dem Vorderdeck stand, sich nach seiner Mannschaft umwandte, zappelten seine Gefährten schon schreiend über ihm, gefangen in den gräßlichen Mäulern des Meerungeheuers.

Also wurden die Zappelnden hoch zum Felsen gerissen.
Dort an der Höhle fraß sie die Freunde, die laut aufschrien
Und die Hände streckten nach mir im grausigen Tode.
Das Erbärmlichste war's, was je mein Auge gesehen …

Johann Heinrich Füssli »Odysseus vor Scilla und Charybdis«
(1794–1796)

Die übrigen konnten sich retten und gelangten schließlich
zu einer einladend schönen Insel, auf der die herrlichsten Rinder und Schafe in der Sonne weideten. Beim Anblick der edlen Tiere lief den Männern das Wasser im Munde zusammen.
Das mußte Trinakria sein, von der die Tiresias gesprochen hatte,
und die Rinder und Schafe mußten Helios gehören (der
Ort soll sich an der Küste Siziliens bei Messina oder Taormina

befunden haben). Odysseus erinnerte sich an die Mahnung des Sehers, die Insel zu meiden, denn den Tieren dürfe kein Haar gekrümmt werden.

»Es tut mir leid«, versuchte Odysseus die Mannschaft zu beschwichtigen, »aber Tiresias hat mir anvertraut, daß uns auf dieser Insel Verderben droht. Wir fahren weiter.«

Seit ihrem Aufenthalt bei Kirke war die Beziehung zwischen dem unbeugsamen Odysseus und Eurylochos, der nicht immer hinter seinem Freund zurückstehen wollte, gespannt.

»Das kann doch nicht dein Ernst sein«, entgegnete der jetzt und wußte die Mannschaft hinter sich. »An dir mag ja alles aus Eisen sein, aber wir sind ausgezehrt von den Strapazen der Fahrt. Und anstatt uns zu erlauben, wenigstens einen Tag auf der Insel zu lagern und uns eine vernünftige Mahlzeit zu bereiten, verlangst du von uns, in die unsichere Nacht hinauszufahren!«

Odysseus erkannte, daß die Mannschaft an der Schwelle zur Meuterei stand, und lenkte ein: »Na schön. Aber schwört mir bei allem, was euch heilig ist, daß ihr die Rinder und Schafe nicht anfaßt! Kirke hat uns Vorräte genug mitgegeben.«

Die Mannschaft versprach es.

In der Nacht schickte Zeus einen Sturm, so daß sie im Morgengrauen eilig ihr Schiff in einer Grotte in Sicherheit bringen mußten. Bei diesem Wetter war an eine Abfahrt nicht zu denken. Noch einmal ermahnte Odysseus seine Genossen, sich nicht an Helios' Tieren zu vergreifen.

Doch er hatte nicht mit dem Wetter gerechnet. Der Wind hatte gedreht, und einen ganzen Monat lang saßen sie auf der Insel fest. Solange die Mannschaft von Kirkes Vorräten zehren konnte, blieben die Tiere unbehelligt, nachdem jedoch alles aufgegessen war, wurde die Situation zunehmend bedrohlicher. Als Odysseus schließlich einmal allein über die Insel streifte, wiegelte Eurylochos die Mannschaft auf: »Mag ja sein, daß wir Helios verärgern, wenn wir seine Tiere schlachten, aber das ist mir immer noch lieber, als hier zu verhungern.«

Die Versuchung war zu groß, die anderen konnten nicht widerstehen.

Der Sonnengott war natürlich entrüstet und sprach bei Zeus vor: »Göttervater! Ich verlange, daß der Diebstahl meiner Rinder und Schafe gesühnt wird. Wenn nicht, dann tauche ich in das Dunkel des Hades hinab und bringe fortan den Toten das Licht.«

»Ich kümmere mich persönlich darum«, versprach Zeus.

Eine Woche später legte sich endlich der Wind; Odysseus und seine Mannschaft konnten ihre Fahrt fortsetzen. Hoffnungsvoll richteten sie den Mast auf und segelten aufs offene Meer hinaus. Doch Zeus hatte sie die ganze Zeit im Blick. Er wartete, bis sie nirgends mehr Land sehen konnten, dann zog er dunkle Wolken am Horizont zusammen. Ein Sturm kam auf, das Meer färbte sich schwarz, und bald wurde das Schiff von einer Böe erfaßt. Die Taue zerrissen, der Mast brach, und schließlich zerstörte Zeus das Schiff mit einem Blitz. Die Mannschaft trieb in den Wogen; keiner überlebte den Sturm – abgesehen von Odysseus, dem es gelang, Kiel und Mast zusammenzubinden und sich darauf zu retten.

Ein Südwind erhob sich, der ihn geradewegs zu den *irrenden Felsen* zurücktrieb. Unfähig zu steuern, wurde er vom Strudel der Charybdis' erfaßt und konnte sich nur in letzter Sekunde vor dem Untergang retten, indem er sich an den überhängenden Zweigen eines Feigenbaumes festhielt. Dort mußte er so lange ausharren, bis Charybdis sein Behelfsfloß wieder ausspuckte und er eilig mit den Händen davonpaddeln konnte.

Von Odysseus' Armee und seinen zwölf Schiffen, mit denen er von Troja aufgebrochen war, war nichts mehr übrig. Alle seine Gefährten waren umgekommen, alle Schiffe zerstört. Es gab nur noch ihn, allein auf dem Wasser treibend, festgeklammert an ein Stück Holz. Und es gab nichts, das er tun konnte, außer zu warten und zu hoffen. Neun Tage lang trieb er so auf dem Meer, bis ihn die Wellen halb bewußtlos an einen Strand spülten.

Kalypso

Wie sich herausstellte, hatte es Odysseus nach Ogygia verschlagen, das von der schönen Nymphe Kalypso bewohnt wurde (entweder Malta oder eine kleine Insel gegenüber von Gibraltar). Eingebettet in einen vogelreichen Hain aus Pappeln, Erlen und Zypressen, lebte sie komfortabel in einer großen Grotte, die einem Feenschloß ähnelte. In der Nähe gab es Süßwasserquellen, und die Weinstöcke, die die Höhle umrankten, hingen voller purpurner Trauben. Selbst Götter hielten inne und erfreuten sich des Anblicks, wenn sie zufällig vorbeikamen. Doch trotz aller Annehmlichkeiten war Kalypso nicht glücklich; die Einsamkeit schwärzte ihre Seele.

So war es nicht verwunderlich, daß, nachdem Kalypso Odysseus bei sich aufgenommen und gesund gepflegt hatte, schnell die Entscheidung in ihr gereift war, den Schiffbrüchigen nicht wieder gehen zu lassen. Anfangs fühlte sich Odysseus auch sehr wohl, genoß den Luxus und teilte mit ihr das Lager. Nach und nach aber wurde die Sehnsucht nach seiner Frau Penelope und dem heimischen Ithaka immer stärker.

Die schöne Göttin mit der wallenden Lockenmähne liebte Odysseus zärtlich, buhlte um seine Gunst und versuchte alles, ihn seine Heimat und Familie vergessen zu lassen – sie bot ihm sogar die Unsterblichkeit an! –, aber es half nichts: Immer unwilliger bestieg Odysseus nachts ihr Lager, und tagsüber saß er nur immer am Strand herum, blickte wehmütig auf das Meer hinaus und weinte. So mußte er sieben Jahre gegen seinen Willen auf der Insel ausharren, während seine Familie Tag für Tag auf seine Rückkehr hoffte.

Athene

Zu Hause auf Ithaka wußte man nichts von Odysseus' Irrfahrt. Die meisten hielten den Verschollenen inzwischen für tot. Schon lange waren die letzten griechischen Helden – sofern sie die Fahrt überlebt hatten – wieder von Troja heimgekehrt. Selbst Menelaos und Helena, die es zwischenzeitlich an ferne Küsten verschlagen hatte, waren zurück in Sparta. Von Odysseus aber fehlte weiterhin jede Spur. Seine liebende Frau Penelope, die von anderem Schlage war als Helena oder Klytämnestra, und sein inzwischen erwachsener Sohn Telemachos hatten jahrelang vergebens gewartet. Telemachos, der von eher verzagtem Charakter war, neigte zur Mutlosigkeit und hatte, auch wenn er es Penelope gegenüber nicht offen aussprach, die Hoffnung bereits aufgegeben.

Das schlimmste waren die Freier: Nach und nach waren sie, unter dem Vorwand, um Penelope zu werben, von Ithaka und den umliegenden Inseln in den Palast gekommen und hatten sich wie Ungeziefer breitgemacht. Jeden Tag mußte Telemachos aufs neue mit ansehen, wie die Schmarotzer in Odysseus' Gemächern herumlungerten, ausgelassen feierten, die Habe seines Vaters verpraßten, seinen Wein tranken und seine Rinder schlachteten. Er fürchtete schon, am Ende selbst als Grillfleisch zu enden, wenn sie erst alles andere vertilgt hätten.

Penelope unterdessen konnte nicht aufhören, an ihren Gemahl zu denken, und wollte sich nicht neu vermählen. Sie saß wie gefangen im oberen Stock des Hauses und traute sich kaum noch die Treppe hinunter.

Das traurige Los Odysseus' mußte früher oder später Athene auf den Plan rufen, die mehr Mitgefühl für den vom Weg Abgekommenen aufbrachte als irgendwer sonst auf dem Olymp; selbst eine so disziplinierte und nach außen hin unbezwingbare Göttin wie Athene hatte ihre »menschliche« Seite und verneigte sich in zärtlicher Achtung vor einem Mann, der seine Frau so treu liebte und verehrte wie Odysseus seine

Arnold Böcklin »Odysseus und Kalypso«
(1883)

Penelope. Manchmal kommt es einem sogar so vor, als habe sie, die bei den Griechen oft auch Pallas (Jungfrau) Athene genannt wurde, sich ihre Jungfräulichkeit insgeheim für die unerreichbare Liebe ihres Günstlings bewahrt.

Als einmal außer Poseidon, der in Äthiopien unterwegs war, sämtliche Bewohner des Olymp bei Zeus versammelt waren, nutzte sie den günstigen Moment, um ihren Vater an Odysseus' Schicksal zu erinnern. Der oberste Olympier hatte gerade mal wieder nichts Besseres zu tun, als sich über die Sterblichen zu beklagen, die immer behaupteten, daß alles Übel von den Göttern käme, dabei seien sie oft genug selbst an ihrem Schicksal schuld. Man brauche sich doch nur Ägisthos anzusehen: Da hatten die Götter ihm extra Hermes gesandt, um ihn zu warnen, daß er die Finger von der Frau Agamemnons lassen und ihn ja nicht töten solle, und was machte er – erschlug seinen Cousin und heiratete dessen Frau. Da mußte er sich nicht wundern, wenn sich später dessen Sohn an ihm rächte.

Schnee von gestern, dachte Athene, der das Schicksal der Lebenden stärker am Herzen lag.

»Du hast ja so recht, Vater«, sagte Athene, »aber was ist mit Odysseus? Ich glaube fast, den hast du ganz vergessen.«

»Wie könnte ich den gottgleichen Odysseus vergessen«, antwortete Zeus. »Der sollte wirklich langsam nach Hause zurückkehren dürfen, nach dem, was er schon alles durchmachen mußte.«

Hermes wurde beauftragt, sich nach Ogygia zu begeben, um Kalypso mitzuteilen, daß sie ihren Geliebten freizugeben habe, während Athene sich ihre goldenen ambrosischen Sohlen überstreifte und nach Ithaka schwebte, um Telemachos ins Gewissen zu reden; es war höchste Zeit, daß der etwas Initiative bewies.

Bye-bye, Kalypso

Hermes traf die schöne Kalypso in ihrer Grotte an und wurde freundlich von ihr empfangen. Sie war gerade damit beschäftigt, einen Stoff zu weben, und trällerte ein Liedchen. Ihre Stimmung schlug allerdings jäh um, als Hermes ihr den Grund seines Besuches offenbarte: »Ich soll Odysseus gehen lassen!? Den Mann meines Herzens, den ich liebevoll gesund gepflegt habe?« schimpfte sie. *Grausam seid ihr vor allen und neidischen Herzens, o Götter! Daß ihr den Göttinnen es verargt, sich sterblichen Männern offen zu nahn, wenn eine den lieben Gemahl sich erwählte.*

Aber auch Kalypso wußte: Sie konnte zetern, soviel sie wollte, dem Urteil Zeus' hatte sich jeder zu beugen. Und so ging sie schweren Herzens hinunter an den Strand, wo Odysseus wie gewöhnlich am Wasser saß und sich grämte. Sie trat zu ihm und sagte: *Armer, sei mir nicht immer so traurig und härme dein Leben hier nicht ab; ich bin ja bereit, dich von mir zu lassen.*

Der chronisch argwöhnische Odysseus glaubte ihr zunächst

nicht. Jahrelang hatte sie ihn gegen seinen Willen auf der Insel festgehalten, und jetzt wollte sie ihn plötzlich gehen lassen?

»Vertraue mir ruhig«, sagte Kalypso und streichelte ihn zärtlich. »Mein Herz ist nicht aus Eisen, wie du vielleicht meinst. Wenn du wüßtest, was für Gefahren dir auf deinem Heimweg noch bevorstehen, würdest du es dir sicher anders überlegen, aber die Sehnsucht nach deiner Penelope scheint unbezwingbar zu sein, obwohl (nur, um es dir noch einmal vor Augen zu führen, du Undankbarer) sie nur eine Sterbliche ist.«

»Verzeih mir«, entgegnete Odysseus. »Natürlich kann Penelope dir nicht das Wasser reichen, schließlich ziert dich ewige Jugend. Und dennoch: Ich kann nicht aufhören, an sie zu denken.« Was Odysseus freilich nicht davon abhielt, gleich nach diesen Worten mit Kalypso noch einmal ins Bett zu gehen.

Am folgenden Morgen nahm er die Arbeit an einem Floß auf, und nach nur vier Tagen hatte er aus zwanzig Baumstämmen ein seetaugliches Fahrzeug mit Segel und Ruder gezimmert. Odysseus stach sofort in See; er konnte es kaum erwarten, endlich nach Hause zu kommen.

Sein Zwischenziel war das Land der Phäaken (Korfu). Wenn er es bis dorthin schaffen sollte, so hoffte er, würde ihm König Alkinoos helfen, dessen Gastfreundschaft, Wohltätigkeit und Wahrheitsliebe weithin bekannt waren und der früher schon den Argonauten Zuflucht gewährt hatte.

Telemachos

In Gestalt des Taphierfürsten Mentes, eines alten Freundes der Familie, war Athene unterdessen in Odysseus' Palast aufgetaucht. Telemachos klagte ihr sein Leid mit den Freiern.

»Dein Vater ist sicher noch am Leben«, tröstete ihn Athene und riet ihm, am folgenden Tag eine Versammlung einzuberufen und den Freiern zu verkünden, sie sollten den Palast räumen. Wenn Penelope sich erneut vermählen wolle, solle sie nach Hause zu ihrem Vater fahren und sich dort für die Hochzeit vorbereiten, er selbst aber solle ein Schiff rüsten und mit zwanzig Gefährten zu Nestor nach Pylos fahren, um ihn nach dem Verbleib seines Vaters zu fragen. Falls Nestor ihm keine Auskunft geben könne, solle er nach Sparta weiterreisen und es bei Menelaos versuchen. Erfahre er, daß Odysseus noch am Leben sei, solle er die schmerzliche Situation im Palast noch ein Jahr erdulden, wenn nicht, müsse er selbst nach einem Weg suchen, die Freier loszuwerden.

Die Marotte der Götter, sich ihrem Gegenüber in verwandelter Gestalt zu zeigen, um dann spätestens bei ihrem Verschwinden doch ihre wahre Identität zu offenbaren, konnte sich Athene auch bei diesem Auftritt nicht verkneifen. Nachdem sie Telemachos ihre Anweisungen gegeben hatte, flog sie davon wie ein Vogel, und spätestens da mußte ihm klar sein, daß sein Besucher schwerlich der alte Mentes hatte sein können.

Seit Odysseus nach Troja aufgebrochen war, hatte es auf Ithaka keine Volksversammlung mehr gegeben, und so fragte man sich gespannt, wer sie einberufen hatte und was es so Wichtiges zu verkünden gab. Telemachos ergriff ohne Umschweife das Wort:

> Ich versammelte euch! Mich trieb die bittere Not an! …
> Zuerst verlor ich den trefflichen Vater, …
> Und nun leid' ich noch mehr: mein ganzes Haus ist vielleicht bald
> Tief ins Verderben gestürzt, und all mein Vermögen vernichtet.

Und er schilderte der Versammlung die unerträgliche Situation im Palast und verlangte von den Freiern, sein Haus zu verlassen. Die saßen mit betretenen Gesichtern in der Runde und schwiegen, bis der jähzornige Antinoos ausrief:

»Deine Mutter selbst ist schuld an der Misere! Jedes Mittel

ist ihr recht, um sich nicht neu vermählen zu müssen. Uns Freiern hat sie einst versprochen, sie werde sich für einen neuen Gemahl entscheiden, sobald sie den Stoff fertiggewebt hätte, der einmal als Laërtes' Leichengewand dienen soll. So saß sie jeden Tag am Webstuhl, doch nachts trennte sie heimlich bei Fackelschein den Stoff wieder auf. Drei Jahre hielt sie uns so zum Narren, bis eine ihrer Dienerinnen das Geheimnis aufdeckte. Sie soll uns nicht länger verhöhnen und sich endlich einen neuen Gemahl wählen, vorher gehen wir nirgendwohin!«

Antinoos, dessen Vater einst auf der Flucht vor den Thesproten bei Odysseus Zuflucht gefunden hatte, war von allen Freiern der unverschämteste und gefährlichste.

Telemachos erwiderte ihm: »Ich werde meiner Mutter nicht vorschreiben, was sie zu tun hat. Erkennt euer Unrecht, und verlaßt meinen Palast. Wenn nicht, wundert euch nicht, wenn göttlicher Zorn euch trifft.«

In diesem Moment tauchten zwei Adler am Himmel auf. Sie kreisten dicht über den Köpfen der Versammelten und hieben aufeinander ein, was der Seher Alitherses als Warnung für die Freier deutete.

Das kümmerte den unverschämten Polybos wenig: »Geh nach Hause und deute deinen Kindern, Alter«, beleidigte er den Vogelschauer. »Odysseus ist längst tot, und du wärst besser gleich mit ihm gestorben, dann würdest du jetzt nicht so viel dummes Zeug reden.« Und zu Telemachos: »Wir werden uns so lange in deinem Palast vergnügen, bis Penelope sich entscheidet.«

»Also schön«, lenkte Telemachos ein, »dann gebt mir ein Schiff, und laßt mich nach Pylos zu Nestor fahren. Sollte ich dort erfahren, daß mein Vater gestorben ist, wird Penelope sich einen neuen Mann wählen.«

»Sieh selber zu, wo du ein Schiff herbekommst. Von uns sicher nicht«, beendete der nicht minder unverfrorene Leiokritos die leidige Diskussion, und die Versammlung löste sich auf.

Der verzagte Telemachos lief ziellos am Strand umher, da näherte sich ihm Athene, diesmal in Gestalt des Mentor, eines alten Freundes seines Vaters.

»Geh zurück in den Palast, und rüste dich für die Fahrt«, ermunterte sie ihn, »ich werde derweil Freiwillige sammeln und mich um ein Schiff kümmern.«

»Na, hast du dich wieder beruhigt?« stichelte Antinoos, als er Telemachos zurück im Palast sah.

»Laß mich!« entgegnete der entschieden. »Ich werde mein Vorhaben durchführen und nach Pylos fahren, und *du* wirst mich nicht davon abhalten.«

Eurykleia, die gute Seele des Palastes, stellte Telemachos' Verpflegung für die Reise zusammen und mußte ihm versprechen, Penelope nicht eher von seinem Verbleib zu berichten, als diese nach ihm fragte. Athene hatte in der Zwischenzeit ein geeignetes Schiff aufgetrieben und vertrauenswürdige Männer rekrutiert. Heimlich schafften sie die Vorräte aus dem Palast – die betrunkenen Freier schliefen bereits – und segelten im Schutz der Nacht unbemerkt davon.

Poseidon

Siebzehn Tage lang war Odysseus übers Meer gesegelt, als endlich die phäakischen Berge in Sicht kamen. Dunkel und bedrohlich wie ein auf dem Wasser liegender Schild zeichneten sich ihre Umrisse durch den Dunst ab.

Zur gleichen Zeit jedoch kehrte Poseidon aus Äthiopien zurück. Als er Odysseus auf seinem Floß sitzen sah, war ihm sofort klar, daß die anderen Götter seine Abwesenheit genutzt haben mußten, um hinter seinem Rücken die Heimkehr des Ithakers zu beschließen. Garantiert hatte sich Zeus mal wieder von Athene um den Finger wickeln lassen. Außer sich vor Wut, entfesselte Poseidon einen Sturm, der das Floß wie eine Erbse auf den Wellen hin- und herschleuderte. Er durfte nicht ernstlich erwägen, Odysseus gegen den Willen der anderen zu töten, aber er wollte alles in seiner Macht Stehende tun, um wenigstens seine Rückkehr nach Ithaka zu verhindern.

Odysseus stürzte in die Fluten und wäre um ein Haar ertrunken, konnte sich jedoch in letzter Sekunde wieder auf das halbzerstörte Floß ziehen. Bei diesem Seegang aber war es nur eine Frage der Zeit, bis sich das Floß in seine Einzelteile auflöste – und dann wäre er endgültig verloren. Wenn ich doch nur ruhmreich in der trojanischen Schlacht gefallen wäre, dachte er, statt jetzt diesen ehrlosen Tod sterben zu müssen.

Doch wie so oft kam ihm im entscheidenden Moment eine Göttin zu Hilfe. Diesmal war es Leukothea. Einst hatte sie Ino geheißen, aber nachdem sie auf der Flucht vor ihrem rasenden Ehemann mit ihrem Sohn ins Meer gestürzt war, hatte sie bei Poseidon unter dem Namen Leukothea Aufnahme bei den Meeresgöttern gefunden. Sie galt den Seefahrern als Retterin aus großer Gefahr und tauchte nun in Gestalt eines Wasserhuhns aus der Tiefe des Meeres auf.

»Auf dem Floß hast du keine Chance«, sagte sie zu Odysseus. »Trenne dich von den Kleidern, die Kalypso dir gegeben hat, und versuche, den Rest zu schwimmen. Hier, nimm meinen Schleier und knote ihn um deine Brust, er wird dir helfen.«

Zwei Tage lang trieb Odysseus hilflos in den Wellen, am dritten aber beruhigte sich das Meer, und nach großen Schwierigkeiten konnte er sich letztlich ans Gestade retten:

… Da ließ er die Knie sinken
Und die starken Arme, matt war ihm das Herz vom Meere.
Alles war ihm geschwollen, ihm floß das salzige Wasser
Häufig aus Nas' und Mund; der Stimme beraubt und des
Atems,
Lag er in Ohnmacht da.

Wieder bei Bewußtsein, warf er Leukotheas Schleier in die Flut zurück und verkroch sich nackt ins Unterholz eines nahen Waldes. Mit letzter Kraft häufte er Laub über sich zum Schutz gegen die Kälte, dann wurde er von einem tiefen Schlaf überwältigt.

Nestor

Nach nur einem Tag hatten Telemachos und seine Männer Pylos erreicht; der weise Nestor saß gerade bei einem gemeinsamen Mahl mit seinen sechs Söhnen und Freunden zusammen. Telemachos war unsicher, wie er dem berühmten griechischen König gegenübertreten sollte, aber Athene – noch immer in Gestalt des Mentor – wich ihm nicht von der Seite, und so konnte nicht viel schiefgehen.

Nachdem er sich als Sohn Odysseus' zu erkennen gegeben hatte, erfuhr Telemachos, wie sich Nestors und Odysseus' Wege auf See getrennt hatten und daß der Weise nicht wisse, wer von den Griechen die Rückfahrt überlebt habe. Er habe lediglich gehört, daß Achilleus' Sohn Neoptolemos sowie Idomeneus, dem Führer der Kreter, die Heimkehr geglückt sei. Auch von dem Schicksal Agamemnons wußte er zu berichten und daß es dessen Bruder Menelaos bis nach Ägypten verschlagen habe, von wo er erst kürzlich zurückgekehrt sei. Wenn einer etwas über den Verbleib seines Vaters erfahren haben könnte, so Nestor zu Telemachos, dann noch am ehesten der Mann der Helena.

Es wurde beschlossen, daß Telemachos über Nacht bleiben und am nächsten Tag auf dem Landweg nach Sparta aufbrechen solle, um Menelaos zu befragen. Athene, deren Aufgabe vorerst beendet war, verwandelte sich zur großen Überraschung der Anwesenden in einen Adler und flog davon.

Nestor ergriff die Hand seines jugendlichen Besuchers: »Wenn das mal nicht Athene höchstpersönlich war«, sagte er ehrfürchtig.

Nausikaa

Noch bevor Odysseus richtig wach war, hörte er die ausgelassenen Stimmen junger Frauen, und im Halbschlaf fragte er sich, was für ein Schicksal ihn wohl auf *dieser* Insel erwarten mochte. Nach seinen Erfahrungen begegnete man hilfsbereiten Menschen nicht häufiger als dem Verderben. Die Zeiten, in denen er keine Gelegenheit unversucht lassen konnte, sich in neue Abenteuer zu stürzen, waren lange vorbei. Er wollte nur noch nach Hause und hätte auf neue Bekanntschaften liebend gerne verzichten können. Auf der anderen Seite konnte er schlecht für immer nackt in diesem Gebüsch versteckt bleiben, und außerdem: Der Gesang der Mädchen klang verführerisch. So kroch er aus seinem Versteck. Eine Gruppe junger Frauen, die zum Waschen ans Wasser gekommen waren, vertrieb sich die Zeit, in der die Wäsche trocknete, mit Ballspielen. Es hätte ihn schlimmer treffen können.

Odysseus bach einen Zweig ab, hielt ihn sich vor die Scham und näherte sich linkisch den jungen Frauen, die augenblicklich kreischend in alle Himmelsrichtungen davonliefen und sich versteckten. Nur die Schönste von ihnen, hochgewachsen und von aristokratischer Blässe, trat dem herannahenden Zottelmenschen unerschrocken entgegen. In respektvoller Entfernung hielt Odysseus inne und überlegte, wie er sie am besten ansprechen sollte. Einschmeichelnde Worte hatten sich noch immer als geeignetes Mittel erwiesen, das Herz einer Frau zu erweichen, also zog er alle Register und sagte: »Noch nie bin ich einer solchen Frau begegnet! Sag mir, bist du eine Sterbliche oder gar eine Göttin? Wenn du eine Sterbliche bist, dann muß deinem Vater und deiner Mutter ja vor Entzücken ständig das Herz frohlocken bei deinem Anblick. Wer immer dich einst zur Frau bekommt, wird der glücklichste Mensch auf Erden sein.«

Auf diese Weise katzbuckelte er eine ganze Zeit lang, bis er zu guter Letzt sein Anliegen vortrug: *Weise mich hin zur Stadt und gib mir ein Stück der Bedeckung.*

Wie sich herausstellte, handelte es sich bei der edlen Jungfrau um Nausikaa, die Tochter des Königs Alkinoos höchstpersönlich. Endlich hatte Odysseus mal Glück! Die herbei-
gerufenen Mädchen führten ihn zum Flußufer hinab, und
nachdem er sich gewaschen und gesalbt hatte und neu einge-
kleidet war, sah er ganz verwandelt aus; die Frauen kamen aus
dem Staunen gar nicht mehr heraus. Auch Nausikaa war ganz
angetan und konnte einen plötzlichen Gedanken nicht unterdrücken: *Wäre mir doch ein solcher Gemahl erkoren vom
Schicksal.*

Für eine berühmte Königstochter war Nausikaa ausgesprochen praktisch veranlagt. Sie lenkte gerne eigenhändig ihren
Wagen und wusch auch schon mal ihre Wäsche selbst.

Zu Odysseus sagte sie jetzt: »Du kannst mit den Mägden
hinter meinem Wagen her zur Stadt gehen, aber wenn wir dort
sind, mußt du uns vorgehen lassen; die Leute zerreißen sich
die Mäuler, wenn sie mich mit einem fremden Mann in die
Stadt kommen sehen.«

Sie erklärte Odysseus, wie er zum Palast und von dort zur
Wohnung ihrer Mutter Arete gelangte, die offensichtlich das
Sagen im Haus hatte. Dann allerdings wäre er auf sich gestellt.
Wenn es ihm gelänge, Aretes Gunst zu erwerben, würde er
bald reich beschenkt in die Heimat aufbrechen können. Wenn
nicht – Pech gehabt.

Die Phäaken waren Fremden gegenüber nicht besonders
aufgeschlossen, und Odysseus hätten bei seinem Gang zum
Palast durchaus unangenehme Zwischenfälle widerfahren
können, aber da er nun schon einmal das Land der Phäaken
erreicht hatte, wollte Athene ihrem Günstling unnötige Kon-
frontationen ersparen und hüllte ihn in eine dunkle Wolke, in
der sie ihn sicher durch die imposante Hauptstadt geleitete.

Odysseus staunte über die Pracht des Palastes; die ganze
Anlage glich einem Märchenschloß. Süßwasserquellen
schlängelten sich durch den Hofgarten und zu Füßen des Palastes entlang, und die majestätische Pforte zum inneren

Wohnbereich, vor der er sich jetzt wiederfand, wurde von goldenen und silbernen Hunden aus Hephaistos' Werkstatt bewacht. Jetzt mußte sich erweisen, ob er die Königin für sich gewinnen konnte. Er nahm all seinen Mut zusammen und ging hinein.

Prachtvolle Sessel reihten sich entlang der Wände des opulent ausgestatteten Festsaals, flankiert von goldenen Jünglingen, die auf kostbaren Säulen brennende Fackeln hielten. Alkinoos und seine Gemahlin tafelten inmitten ihres versammelten Hofstaates. Die Gespräche verstummten augenblicklich, als Odysseus den Saal betrat. Dies war offensichtlich nicht der geeignete Moment für lange Erklärungen, also ließ sich Odysseus kurzerhand vor Arete auf die Knie fallen, zog seine rhetorische Schublade auf und griff in die vollen: *Kennt ihr einen, der euch der unglückseligste aller Sterblichen scheint, ich bin ihm gleich zu achten an Elend. Erbarmet euch mein und sendet mich in die Heimat, bald! Denn lange schon fern von den Lieben duld' ich Elend!*

Das ging eine ganze Zeit so weiter, und nachdem er schließlich geendet hatte, setzte er sich demütig in die Asche neben der Feuerstelle und wartete die Wirkung seiner Worte ab, während sich im Saal Schweigen ausbreitete.

»Nicht doch«, sagte Alkinoos schließlich, nahm Odysseus an die Hand und führte ihn zum Platz seines liebsten Sohnes Laodamas, den er aufstehen hieß, um Platz für den Gast zu machen. Das Eis war gebrochen.

Odysseus schilderte Arete, wie es ihm bei Kalypso ergangen war, verschwieg aber seine Identität vorsichtshalber bis auf weiteres. Innerhalb kürzester Zeit hatte er das Königspaar um den Finger gewickelt. Alkinoos meinte gar, in seinem Gast den gleichen Edelmut zu erkennen, den er sich selbst zuschrieb, und da sich die Menschen zu allen Zeiten geschmeichelt fühlen, wenn sie sich selbst in ihrem Gegenüber zu erblicken meinen, schwärmte Alkinoos, noch bevor der Abend vorüber war: *Ach wenn doch ein Mann von deinem Schlage, so ähnlich mir an Ge-*

Francesco Hayez »Odysseus am Hofe Alkinoos'«
(1813–1815)

sinnung, um meine Tochter Nausikaa werben wollte! Den be-
hielte ich gerne hier und verehrte ihm Haus und Habe.

Odysseus, der nach den Strapazen der letzten Wochen kaum noch die Augen aufhalten konnte, fiel ein Stein vom Herzen. Hier würde ihm niemand nach dem Leben trachten.

Als alle gegangen waren, bereitete man ihm mitten im Saal ein fürstliches Lager. Die Wände warfen jedes Geräusch vielfach zurück, aber trotz der gespenstischen Atmosphäre schlief Odysseus wie ein Kind.

Sparta

Nestor ließ einen prächtigen Wagen anspannen, stattete Telemachos mit Proviant aus und schickte ihn gemeinsam mit seinem Sohn Pisistratos auf den Weg nach Sparta.

Bei Einbruch der Dämmerung erreichten sie Pherä und machten Station in der Burg des Königs Diokles. Der alte

Mann, der seine beiden Söhne in der Schlacht um Troja verloren hatte, nahm sie gastfreundlich auf. Früh am nächsten Morgen setzten sie ihre Reise fort und fuhren den ganzen Tag hindurch, bis sich schließlich das Tal vor ihnen ausbreitete, in das das mächtige Sparta, Sitz des Fürsten Menelaos, eingebettet lag.

Ein Diener geleitete sie in den Palast, und Telemachos drehte staunend den Kopf nach allen Seiten. *Gleich dem Strahle der Sonn' und dem Schimmer des Mondes glänzte der hohe Palast des erlauchten Herrn Menelaos.* Etwas Derartiges hatte der Jüngling noch nie gesehen. Sie wurden gebadet und in edle Gewänder gehüllt, dann geleitete man sie zu Menelaos in den mächtigen Palastsaal, der in Gold und Silber glänzte und überreich mit Elfenbein und Bernstein verziert war.

Sie platzten mitten in eine riesige Feier: Die Halle war mit ausgelassenen Menschen gefüllt, ein Sänger begleitete sich auf der Harfe, in der Mitte tanzten zwei Gaukler. Wie sich herausstellte, waren Telemachos und Pisistratos gerade rechtzeitig gekommen, um einer Doppelhochzeit beizuwohnen: Die einzige Tochter von Menelaos und Helena, die wunderschöne Hermione, wurde mit Neoptolemos, dem Sohn des Achilleus, vermählt, und auch Megapenthes, ein Sohn Menelaos', den dieser mit einer Magd gezeugt hatte, kam unter die Haube.

Menelaos schilderte seinen Gästen, wie sich die Schätze, die nun seinen Palast zierten, im Laufe der Zeit angesammelt hatten, nachdem es ihn und Helena von Troja aus acht Jahre lang in die unterschiedlichsten Regionen verschlagen hatte. Auf Zypern war er ebenso gewesen wie in Phönizien, Ägypten und Äthiopien. Sogar Libyen hatte er kennengelernt, wo die Lämmer schon gehörnt auf die Welt kamen und die Schafe dreimal im Jahr kalbten.

Als sich herausstellte, daß sein bescheidener Besucher, der bis dahin kaum etwas gesagt hatte, Telemachos war, wurde Menelaos vom Mitgefühl überwältigt.

»Ach, ihr Götter! So ist ja mein Besucher der Sohn des geliebten Odysseus, der meinetwegen so viel Leid hat erdulden müssen! Ein Gott versagte ihm die Rückkehr, und ich weiß nicht einmal, ob er noch am Leben ist.«

Vereint im Schmerz um den Verschollenen, saßen Telemachos und Menelaos und weinten. Selbst Helena und Pisistratos konnten sich der Tränen nicht erwehren; dabei hatte dies doch eine Freudenfeier werden sollen.

Um die Stimmung nicht endgültig kippen zu lassen, mischte Helena ein Mittel in den Wein, das sie aus Ägypten mitgebracht hatte. Es verbannte Gram *und Groll und jeglicher Leiden Gedächtnis*. Sie und Menelaos berichteten Telemachos von den Heldentaten seines Vaters, und Helena erzählte unter anderem von einer eigentümlichen Begegnung: Während der Belagerung Trojas sei Odysseus, als Knecht verkleidet, in die Stadt gekommen und von niemandem außer ihr erkannt worden. Sie aber habe sich geschworen, sein Geheimnis nicht eher aufzudecken, als bis er wieder bei den Schiffen in Sicherheit wäre. Auf diese Weise habe er in der Stadt wichtige Informationen sammeln und außerdem noch einen Haufen Trojaner erschlagen können.

Laut wehklagten da die Weiber in Ilion, behauptete Helena. *Aber mir frohlockte das Herz, denn schon lange war mein Sinn nach der Heimat wieder gewandt.*

Und da Helena selten eine Möglichkeit ungenutzt ließ, ihre Unschuld zu beteuern und mit dem Finger auf andere zu zeigen, ergänzte sie: *Ich beweinte den Jammer, den Aphrodite schuf, als sie mich dorthin aus dem Vaterlande entführte.*

Alkinoos

Als Odysseus die Augen aufschlug, war es bereits Morgen, und Alkinoos stand vor seinem Bett.

»Komm, wir gehen auf den Markt«, sagte der König. »Ich möchte dich meinem Volk vorstellen.«

Nach und nach füllte sich der große Platz am Hafen – ganz

in der Nähe der berühmten phäakischen Schiffe, von denen man sich erzählte, daß sie keinen Steuermann benötigten und noch nicht einmal ein Ruder hätten, weil sie von selbst ihren Weg fänden –, und die Einwohner bestaunten den edel anmutenden Schiffbrüchigen, der im Palast des Königs Aufnahme gefunden hatte. Als die Versammelten, unter ihnen auch die zwölf Fürsten des Reiches, dichtgedrängt in Reihen saßen, ergriff Alkinoos das Wort: »Diesen Fremden, den ich selbst nicht kenne, hat es in unsere Stadt verschlagen, und ich habe beschlossen, daß wir uns seiner Bitte um Hilfe nicht verschließen sollten. Laßt uns eines unserer besten Schiffe rüsten und ihm eine Mannschaft aus jungen, aber erfahrenen Männern an die Hand geben. Mit denen soll er morgen in See stechen. Aber zuvor wird es für alle Fürsten und natürlich auch für die Besatzung ein Festessen im Palast geben. Und ruft mir unseren berühmten Sänger Demodokos herbei.«

Jung und alt fand sich im Palast ein, in den Hallen und Höfen wimmelte es nur so von Gästen. Zwölf Schafe, acht Schweine und zwei Rinder wurden geschlachtet. Nach dem Essen stimmte der Sänger ein Lied an. Es handelte von den trojanischen Helden und erzählte, wie Odysseus und Achilleus einmal in einen Streit gerieten und Agamemnon sich darüber amüsierte.

Das war zuviel für Odysseus: Seine eigene Geschichte mit anhören zu müssen, die inzwischen als Heldensage umging, trieb ihm Tränen in die Augen, und er hielt sich aus Scham den purpurnen Mantel vors Gesicht. Dem aufmerksamen Alkinoos allerdings entging die Reaktion seines Gastes nicht, und er brach den Vortrag ab und lud zum Wettkampf.

Nachdem die Disziplinen ausgetragen worden waren, kam Alkinoos' Sohn Laodamas, der den Faustkampf für sich entschieden hatte, zu Odysseus und forderte ihn zur Teilnahme auf. Der leidgeplagte Held aber lehnte höflich ab.

Du scheinst kein Mann, der auf Kämpfe sich versteht, stichelte Euryalos, der Gewinner des Ringkampfes.

Odysseus war entkräftet und niedergeschlagen, aber diese

Beleidigung konnte er natürlich nicht auf sich sitzen lassen. Er griff sich den schwersten Diskus und schleuderte ihn über die Köpfe der sich duckenden Pkääken hinweg weit über die Rekordmarke seiner Vorgänger hinaus.

»Wenn sich einer der Anwesenden noch in einer anderen Disziplin mit mir messen möchte – ich stehe zur Verfügung«, sagte er , *und alle verstummten umher und schwiegen.*

Die Phäaken waren nun einmal kein Volk von Rauhbeinen, sondern eines von Schöngeistern – mit leichter Neigung zur Dekadenz. Und Alkinoos war stolz darauf. Entschuldigend erklärte er:

> *… wir suchen kein Lob im Faustkampf oder im Ringen;*
> *Aber die hurtigsten Läufer sind wir und die trefflichsten Schiffer,*
> *Lieben nur immer den Schmaus, den Reigentanz und die Laute,*
> *Oft veränderten Schmuck und warme Bäder und Ruhe.*

Demodokos wurde gerufen, und zur Ermunterung der Gäste sang er diesmal die Geschichte von Hephaistos, dem Gott des Feuers, wie er Ares mit seiner Frau Aphrodite ans Bett fesselte, um sie des Ehebruchs zu überführen.

Vor dem Nachtmahl wurde Odysseus ein Bad bereitet, anschließend wurde er gesalbt, und man brachte ihm neue Kleider. Als er sich umwandte, um das Gemach zu verlassen, sah er Nausikaa auf der Schwelle stehen, die ihn schon länger beobachtet haben mußte. Mit kaum verhohlener Begierde sagte sie: »Ich hoffe, du vergißt mich nicht, auch wenn du dich zur Rückkehr in deine Heimat entschlossen hast.«

»Dich«, sagte Odysseus wehmütig, »werde ich nie vergessen.«

Wieder bei den anderen, fragte er Demodokos, ob er auch von dem trojanischen Pferd zu berichten wüßte, und prompt ließ der Sänger seine Harfe ertönen und sang von der Eroberung Trojas und dem hölzernen Pferd. Wieder konnte Odysseus beim Vortrag seiner eigenen Geschichte die Tränen nicht unterdrücken, und wieder war es Alkinoos, der es bemerkte.

»Halte ein«, rief er Demodokos zu. »Seit du zu singen angefangen hast, hat unser Gast nicht aufhören können, seinen Schmerz zu beweinen.« Und zu Odysseus gewandt: »Sag mal, wer bist du eigentlich?«

Der Hinterhalt

Zum Zeitvertreib übten sich die Freier vor Odysseus' Palast im Diskus- und Speerwerfen, als Noemon, mit dessen Schiff Telemachos unterwegs war, zu Antinoos kam und fragte: »Weißt du vielleicht, wann Telemachos zurückkommt? Ich brauche mein Schiff wieder.«

Antinoos war außer sich: »Was? Telemachos ist tatsächlich nach Pylos gefahren?«

Nachdem Noemon wieder gegangen war, sagte er zu den anderen Freiern: »Da hat sich doch dieser kleine Giftzwerg tatsächlich bei Nacht und Nebel aus dem Staub gemacht. Wenn das so weitergeht, können wir hier bald einpacken. Laßt uns selbst ein Schiff rüsten und ihm in der Meerenge zwischen Ithaka und Samos auflauern, dann wird er schon sehen, was ihm sein Hochmut einbringt.«

Die Freier waren der gleichen Ansicht und machten sich sofort ans Werk.

Medon, ein Herold des Hauses, der sich Odysseus noch immer loyal verbunden fühlte, sich nach außen hin aber mit den Freiern arrangiert hatte, schlich heimlich in die Gemächer der Penelope und erzählte ihr von dem Plan der Freier.

Penelope war ganz verzweifelt aus Sorge um ihren Sohn: »Was sagst du? Telemachos ist nach Pylos gesegelt? Davon weiß ich ja gar nichts. Und jetzt wollen die Freier bei seiner Rückkehr einen Anschlag auf ihn verüben? Und ich sitze hier und kann nichts dagegen tun!«

Umringt von ihren ebenfalls betroffenen Mägden, brach sie schluchzend zusammen. Nur ein Wunder würde den Tod ihres Sohnes verhindern können. In ihrer Hilflosigkeit flehte sie Athene an, das drohende Unheil von ihrem einzigen Sohn abzuwenden – und hatte Glück: Die Göttin erhörte ihre Worte.

Als Penelope vor schmerzlicher Erschöpfung endlich eingeschlafen war, schickte ihr Athene, um sie zu trösten, eine Frau in Gestalt ihrer Schwester Iphitime. Im Halbschlaf wunderte sich Penelope: »Wie kommst du denn hierher? Du besuchst mich doch sonst nicht.«

»Ich bin gekommen, um dir die Nachricht zu überbringen, daß Athene ihre schützende Hand über Telemachos hält und er wohlbehalten zurückkehren wird.«

Danach entschwand die Erscheinung wie ein Luftzug durch den Türspalt.

Antinoos unterdessen hatte zwanzig Männer um sich versammelt und war in die Nacht hinausgesegelt:

Aber die Freier im Schiffe befuhren die flüssigen Pfade,
Telemachos' schleunigen Mord in grausamer Seele bedenkend,
Mitten im Meere liegt ein kleines felsiges Eiland …
Dort lauernd erwarteten ihn die Achäer.

Ich bin es selbst …

»Ich werde dir sagen, wer ich bin und was ich durchlitten habe«, sagte Odysseus zu König Alkinoos. Die Zuhörer warteten gespannt, und nach einer dramatischen Pause setzte der Listenreiche hinzu: *Ich bin es selbst – Odysseus, Laërtes' Sohn, durch mancherlei Klugheit unter den Menschen bekannt; mein Ruhm reicht bis in den Himmel.*

Bescheidenheit war einfach seine Sache nicht. Und dann erzählte er bis tief in die Nacht hinein, was er seit seiner Abfahrt von Troja alles mitgemacht hatte. Den ganzen Abend hindurch wagte keiner der Phäaken, ihn in seinen Ausführungen zu unterbrechen; sie lasen dem sagenumwobenen Helden jedes Wort von den Lippen ab.

Im Sturm hatte Odysseus die Herzen seiner Zuhörer erobert, und am nächsten Morgen, dem Tag seiner Abfahrt, wurde er mit Schätzen überhäuft, die Alkinoos persönlich in das Schiff trug, das ihn nach Hause bringen sollte. Die Verabschiedung war sehr herzlich, und Odysseus versprach, das Andenken der Phäaken und ihres Königs stets in Ehren zu halten.

Geborgen im sicheren Schoß des Schiffes, das gleichmäßig und schnell über das Wasser glitt, wurde Odysseus von den Anstrengungen und Aufregungen der vergangenen Tage und Wochen eingeholt. Eine unüberwindliche Müdigkeit stieg in ihm auf, und er rollte sich auf einer Decke zusammen und fiel in einen traumlosen, todesähnlichen Schlaf. Kein Poseidon erschwerte diesmal die Fahrt, und im Schutz der Nacht erreichten sie ihr Ziel – Ithaka. Odysseus schlief noch immer. Er wachte nicht einmal auf, als man ihn und seine Schätze von Bord trug und in einer geschützten Grotte absetzte.

Noch bevor er aufwachte, forderte allerdings Poseidon doch noch seinen Tribut ein. Wenn er sich schon nicht an Odysseus persönlich rächen durfte, so sollten wenigstens seine Helfer für ihn büßen. Das Schiff der Phäaken war bereits wieder in Sichtweite zum Heimathafen und die Bürger der Stadt hatten sich zum Empfang versammelt, als Poseidon es in einen Fels verwandelte und am Meeresgrund verankerte.

Menelaos

Nachdem Telemachos und Pisistratos eine komfortable Nacht auf edlen Lagern in der vorderen Halle des Palastes verbracht hatten, fand Telemachos endlich den Mut, Menelaos zu fragen, ob der auf seinen Reisen irgend etwas über das Schicksal seines Vaters erfahren habe. Sein Gastgeber erzählte ihm daraufhin von einer denkwürdigen Begegnung, die er in

Ägypten mit dem Meeresgott Proteus gehabt hatte. Der treue Diener Poseidons, der vor allem durch seine Fähigkeit bekannt war, sich in tausend Gestalten verwandeln zu können, hatte Menelaos nicht nur vom Schicksal seines Bruders Agamemnon und dem Tod des hochmütigen Ajax erzählt, sondern außerdem davon, daß er den bedauernswerten Odysseus gesehen habe, der von der Göttin Kalypso gegen seinen Willen auf Ogygia festgehalten wurde.

Telemachos schwoll das Herz in der Brust: Ein Meeresgott hatte seinen Vater gesehen! Gefangen auf einer Insel zwar, aber dennoch am Leben. Neue Hoffnung keimte in ihm auf, seinen Vater eines Tages wiederzusehen, und vielleicht würde ja dann zu Hause doch noch alles gut werden.

Wo bin ich?

»Wo bin ich denn jetzt nur wieder gelandet?« rief Odysseus aus und schlug sich mit der flachen Hand gegen die Stirn. Er erkannte Ithaka nicht wieder; eingehüllt in dichten Nebel, hörte er nur das Rauschen des nahen Meeres und glaubte sich auf einer fremden Insel ausgesetzt. Immerhin hatten ihm die Phäaken den Schatz dagelassen. Aber was sollte er jetzt damit anfangen? Er konnte ihn schlecht hier liegenlassen, während er die Gegend erkundete. Indem er so überlegte, tauchte aus dem Nebel unerwartet eine Gestalt vor ihm auf – ein junger Schafhirte.

»Entschuldige bitte«, sagte Odysseus höflich. »Kannst du mir sagen, was für ein Land dies ist?«

»Du weißt nicht, auf was für einer Insel du dich befindest?« fragte der Schäfer verwundert. »Das ist Ithaka!«

Odysseus konnte seine Freude kaum verbergen, mahnte sich aber zur Vorsicht: »Ah, Ithaka also. Von der Insel habe ich schon gehört«, sagte er und gab sich als Flüchtling aus, der von phönizischen Schiffern abgesetzt worden sei.

»Da muß ja wirklich viel passieren, bevor du mal mit der Wahrheit herausrückst«, erwiderte sein Gegenüber vertraulich, legte ihm die Hand auf den Arm und verwandelte sich vor seinen Augen in seine Schutzgöttin.

»Ich bin's, Athene. Du kannst aufhören mit der Schauspielerei.«

Sie teilte den Nebel, und Odysseus erkannte seine Heimat. Er war außer sich vor Freude. Gemeinsam schafften sie den Schatz in einen versteckten Winkel der Grotte, dann instruierte Athene ihn über das weitere Vorgehen: Zunächst solle er den ihm treu ergebenen Schweinehirten Eumaios aufsuchen und so lange bei ihm bleiben, bis sie Telemachos aus Sparta zurückbeordert hätte.

»Damit du nicht vorzeitig erkannt wirst, sollte ich dich allerdings etwas verändern«, ergänzte Athene, und da sie keine Freundin halber Sachen war, rührte sie *ihn an mit dem Stabe, Athene, ließ einschrumpfen das blühende Fleisch der geschmeidigen Glieder, tilgte vom Haupt sein bräunliches Haar und über die Glieder alle zog sie rings die Haut des alternden Greises.* Zudem verpaßte sie ihm noch zerschlissene Kleider. So erklomm Odysseus den steinigen Pfad, der ihn auf den Berg zu Eumaios führte.

Eumaios war nicht als Schweinehirt auf die Welt gekommen: Sein Vater war der Fürst Ktesios gewesen, der über die friedliebenden Bewohner der Insel Syria geherrscht hatte. Als ein phönizisches Schiff einmal für längere Zeit im Hafen lag, ging eine phönizische Hofsklavin ein Verhältnis mit einem ihrer Landsleute ein und schlich sich heimlich aus seines Vaters Palast, in dem Glauben, man brächte sie in ihre Heimat zurück. *Und ich* (Eumaios), *einfältigen Herzens, folgte ihr.* Die Sklavin starb auf See, und Eumaios wurde auf Ithaka an Laërtes verkauft.

Odysseus fand den Hirten zwischen seinen Gehegen sitzend, wo er gerade damit beschäftigt war, sich aus einem Rinderfell neue Schuhsohlen zu schneiden. Er mußte zunächst

seine Hunde zur Räson bringen, die den fremden Eindring-
ling angingen, dann aber bat er ihn in seine Hütte und bewir-
tete ihn.

»Du bist sehr gut zu mir«, sagte Odysseus. »Möge Zeus dir
erfüllen, was du am sehnlichsten wünschst.«

Eumaios war bescheiden: »Am liebsten wäre mir, mein alter
Herr würde heimkehren, aber da kann ich wohl lange warten.«

Und er klagte dem Gast sein Leid mit den Freiern, die sich
Tag für Tag die besten Schweine kommen ließen und drüben,
in Odysseus' Palast auf der Südseite der Insel, ein Leben in
Saus und Braus führten und die Familie seines Herren unglücklich machten.

»Gräme dich nicht«, entgegnete Odysseus. »Dein Herr
wird wiederkommen, dieses Jahr noch. Glaube mir.«

»Ach, erzähl mir nichts«, knurrte Eumaios. »Das haben
schon viele gesagt, und alle waren es nur Schmarotzer, die sich
am Hof aushalten lassen wollten. Wie kommst du dazu, so etwas zu behaupten?«

Odysseus gab sich Eumaios gegenüber als weitgereister
Kreter aus, der, obwohl aus begütertem Hause, nach unglück-
lichem Schicksal als Knecht von einem Schiff geflohen war,
dessen Besatzung ihn als Sklaven hatte verkaufen wollen. Sein
Weg hätte ihn unter anderem in das Land der Thesproten geführt, wo ihm König Pheidon berichtet habe, daß besagter
Odysseus bei ihm gewesen sei und sich nun auf dem Heimweg befände.

Eumaios glaubte seinem Gast kein Wort, bereitete ihm dennoch ein Lager neben der Feuerstelle und machte es Odysseus so angenehm wie möglich, während er selbst, trotz stür-
mischen Regens, die Nacht unter einem Felsvorsprung bei
den Schweinen verbrachte, um die Herde nicht unbewacht zu
lassen.

Eine schlaflose Nacht

Zwei Tage nach seiner Ankunft in Sparta schreckte Telemachos mitten in der Nacht von seinem Lager hoch. Irgend etwas stimmte nicht. Er erinnerte sich, von seinem Vater geträumt zu haben – und nichts Gutes. Pisistratos neben ihm schien tief zu schlafen.

Aus dem Dunkel heraus tauchte plötzlich Athene an Telemachos' Bett auf und ermahnte ihn, die Rückreise nicht länger aufzuschieben, es sei Eile geboten. Zudem müsse er sich vorsehen: In der Meerenge zwischen Ithaka und Samos erwarteten ihn die Freier, er solle sich also möglichst von den Inseln fernhalten und bei Nacht segeln. Zu Hause angekommen, solle er als erstes den Schweinehirten Eumaios aufsuchen und ihn zu Penelope schicken, um sie von seiner Rückkehr zu unterrichten. Nach diesen Worten verschwand sie wieder. Pisistratos hatte von ihrem Besuch nichts mitbekommen.

Sofort stieß Telemachos seinem Begleiter die Ferse in die Seite: »Pisistratos, wach auf! Wir müssen abreisen.«

Nestors Sohn rieb sich den Schlaf aus den Augen: »Ich will dir ja nicht zu nahe treten, aber hast du mal rausgesehen? Es ist stockdunkel, wir können noch nicht abreisen.«

»Oh, du hast recht«, entschuldigte sich Telemachos und wälzte sich unruhig bis zum Morgengrauen hin und her.

Von Menelaos mit den besten Wünschen verabschiedet, brachen Telemachos und Pisistratos in aller Frühe auf, um auf schnellstem Weg nach Pylos zurückzukehren. Dort ließ sich Telemachos von Pisistratos ohne Umwege zu seinem Schiff bringen – Nestor hätte ihn sicher noch zum Bleiben genötigt.

Als er gerade ablegen wollte, kam überstürzt ein Mann angelaufen und bat darum, mitfahren zu dürfen. Er stellte sich als Seher namens Theoklymenos vor, der auf der Flucht sei, weil er in Argos im Streit einen Mann erschlagen habe, dessen weitverzweigte Verwandtschaft ihm nun auf den Fersen sei. Im Streit einen Mann zu erschlagen war auch damals schon kein Kavaliersdelikt, aber es war nicht so schlimm, wie zum Beispiel die Götter zu beleidigen oder Rinder zu stehlen – es konnte schon mal vorkommen.

»Da hast du aber Glück gehabt«, sagte Telemachos und bot ihm einen Platz an.

Vater?

»Ich sollte nicht länger deine Gastfreundschaft ausnutzen«, sagte Odysseus zu Eumaios. »Am besten wird es sein, ich mache mich morgen früh auf den Weg in die Stadt und versuche, bei den Freiern etwas zu essen zu bekommen.«

Eumaios machte sich Sorgen um den Alten: »Mit denen ist nicht zu spaßen! Einen wie dich würden die nie in ihren Reihen dulden. Bleib ruhig erst einmal hier, du fällst mir nicht zur Last.«

Odysseus war ganz gerührt von der Redlichkeit und Treue seines Untertans und blieb noch eine Nacht. Am nächsten Morgen aber beschäftigte ihn immer drängender die Frage, wie es jetzt weitergehen sollte.

Was er nicht wissen konnte: Telemachos, den er nun fast zwanzig Jahre nicht mehr gesehen hatte, war ganz in der Nähe. Wie Athene ihm geraten hatte, war er in der Nacht gesegelt und so dem Anschlag der Freier entgangen. In diesem Augenblick ließ er sich in der Bucht absetzen, speiste am Strand mit seinen Begleitern und schickte sie zur Stadt zurück. Als nächstes würde er zu Eumaios hinaufgehen und nach dem Rechten sehen.

Odysseus und der Schweinehirt hatten sich zum Essen niedergesetzt, als plötzlich die Hunde aufsprangen und das Kommen eines Gastes ankündigten. Kurz darauf erschien Telemachos in der Tür; Eumaios fiel vor Schreck das Geschirr aus den Händen.

»Und ich dachte schon, ich würde dich nie wiedersehen«, rief der Hirt aus und schloß ihn glücklich in die Arme.

Eumaios berichtete, daß die Situation am Hof unverändert war, und als die Sprache auf den alten Bettler kam, der sich bis dahin im Hintergrund gehalten hatte, versprach Telemachos, ihm aus dem Palast Kleider, Schuhe und ein Schwert schicken zu lassen. Zunächst aber, so seine Bitte, solle Eumaios zum Palast gehen, um Penelope von seiner Rückkehr zu unterrichten.

Eumaios war kaum aufgebrochen, da verkrochen sich die Hunde winselnd in den Ecken wie bei einem Gewitter, denn Athene erschien an der Pforte – allerdings nur für Odysseus sichtbar. Der tat so, als wolle er sich die Füße vertreten, ging hinaus und wurde von ihr in den sportlichen Odysseus zurückverwandelt. Als der wieder in die Hütte kam, glaubte Telemachos sich vor lauter Verwunderung schon einem Gott gegenüber, aber Odysseus sagte glücklich: »Ich bin kein Gott, ich bin dein Vater!«

Und sie fielen sich weinend in die Arme.

Am liebsten hätten sie den ganzen Tag lang glücklich ihr Wiedersehen beweint, aber es galt, eine drängende Frage zu lösen: Wie sollten sie die Freier loswerden?

Die Lage schien ziemlich aussichtslos; insgesamt hatten sich 124 Freier im Palast breitgemacht. Gegen diese Übermacht durften sie sich kaum eine Chance ausrechnen. Doch der verschlagene Odysseus brauchte nicht lange, um mit einem Plan aufzuwarten.

Inzwischen hatte Telemachos' Mannschaft im Hafen angelegt und einen Herold zu Penelope entsandt. Auf dem Weg zum Palast traf der mit Eumaios zusammen, und so konnten die beiden Penelope gleich gemeinsam die Nachricht von der Rückkehr ihres Sohnes überbringen. Erwartungsgemäß fiel Penelope ein Stein vom Herzen, die Freier jedoch versammelten sich an der Hofmauer und beratschlagten sich.

»Als erstes müssen wir Antinoos und die anderen zurückholen«, meinte Eurymachos.

»Nicht nötig«, entgegnete Amphinomos, der zum Hafen hinunterblickte. »Da drüben kommen sie schon.«

Sie gingen hinunter zum Strand und nahmen die Rückkehrer in Empfang.

»Ich habe keine Ahnung, wie Telemachos sich an uns vorbeischleichen konnte«, schimpfte Antinoos, »aber es wird ihm trotzdem nichts nützen. Wir werden ihn einfach hier liquidieren. Und zwar schnell, bevor er eine Versammlung einberuft und wir uns vor dem Volk verantworten müssen.«

Amphinomos, Sohn des aretiadischen Königs Nisos und einer der wenigen edelmütigen Freier, hatte Skrupel: »Bevor wir kaltblütig den Königssohn umbringen, sollten wir erst die Götter befragen«, sagte er.

Die übrigen Freier stimmten zu und gingen unverrichteterdinge in den Palast zurück.

Am Abend kehrte Eumaios heim in sein Haus. Athene hatte Odysseus wieder die Gestalt eines Greises verliehen, und so glaubte der Hirt nach wie vor, einen alten Bettler zu beherbergen. Er berichtete Telemachos von seinem Besuch bei Penelope und daß er glaube, auf dem Rückweg von einer Anhöhe aus das Schiff der Freier im Hafen gesehen zu haben.

Sie aßen gemeinsam zu Abend und legten sich früh schlafen. Eumaios steckte der lange Fußmarsch in den Knochen, und Telemachos und Odysseus mußten Kräfte sammeln; morgen sollte sich ihr Schicksal entscheiden.

Nach zwanzig Jahren

Sofort nach dem Aufstehen ergriff Telemachos seinen Speer und machte sich auf den Heimweg. Eumaios bat er, er möge den Alten später in die Stadt führen, damit er sich dort etwas Essen erbetteln könne. Telemachos gelangte ohne Zwischenfälle in den Palast, und die Dienerinnen waren außer sich vor Freude, ihn unversehrt wiederzusehen. Penelope ließ ihren Gefühlen freien Lauf und brach vor Erleichterung in Tränen aus.

»Berichte mir, was du erfahren hast«, flehte sie, doch Telemachos schickte sie gleich wieder in ihre Gemächer hinauf; er hatte sich um andere Dinge zu kümmern. Mit dem Speer in der Hand verließ er den Palast und bahnte sich entschlossen den Weg durch die ihn bedrängenden Freier, um mit Mentor, Antiphos und Halitherses zusammenzutreffen, treuen Freunden der Familie.

Sie waren ins Gespräch vertieft, als Piräos zu ihnen stieß, der Telemachos nach Pylos begleitet hatte. Er hatte den Seher Theoklymenos bei sich, den sie an Bord genommen hatten.

Telemachos führte den Seher in den Palast, wo sie sich zunächst ein Bad gönnten, sich anschließend salben ließen und neue Kleider anzogen. Gemeinsam mit Penelope nahmen sie das Mahl ein, und jetzt endlich erzählte Telemachos ihr von seiner Fahrt und daß Menelaos ihm von seiner Begegnung mit dem Meeresgott berichtet hatte, der Odysseus bei Kalypso auf der Insel Ogygia gesehen haben wollte. Den Rest verschwieg er seiner Mutter.

»O ehrwürdige Frau«, schaltete sich Theoklymenos jetzt ein, »haltet mich nicht für leichtfertig, aber ich bin sicher, daß Odysseus bereits in das Land seiner Väter zurückgekehrt ist.«

Nach diesen Worten herrschte einen Moment lang Schweigen. Nur die Geräusche der auf dem Vorplatz lärmenden Freier waren zu hören.

»Ich wünschte so sehr, du hättest recht«, sagte Penelope nachdenklich.

Eumaios und Odysseus brachen indessen in die Stadt auf. Dem Hirten wäre es lieber gewesen, den Alten bei sich zu behalten, aber er wollte sich dem Wunsch Telemachos' nicht widersetzen.

Als sie endlich die Stadt erreichten, neigte sich die Sonne bereits, und die Freier versammelten sich im Saal, um wie jeden Abend einen Festschmaus zu veranstalten. Der Duft von gebratenem Fleisch erfüllte die Luft, und die Klänge der Leier waren weithin vernehmbar. Als Eumaios und Odysseus bei ihrem Gang durch die Stadt zum Palast kamen, konnte Odysseus seine Ergriffenheit kaum verbergen. Sie beschlossen hineinzugehen, um sich von den Freiern Essen zu erbitten, auch wenn Eumaios nicht wohl dabei war.

Noch bevor Odysseus jedoch den Saal betrat, machte er eine traurige Begegnung: Am Hoftor, zwischen dem gesammelten Mist von Rindern und Schafen, lag, ausgezehrt vom Alter und von Läusen zerfressen, Argos, sein Hund. Bei seiner Abfahrt nach Troja hatte er ihn im Palast zurückgelassen. Trotz der langen Abwesenheit erkannte Argos seinen Herrn wieder, wedelte schwach mit dem Schwanz, kam aber vor Entkräftung nicht mehr auf die Beine. Odysseus trat zu ihm, und als hätte Argos all die Jahre nur noch auf diesen Moment gewartet, verstarb er.

Eumaios war vorausgegangen und hatte gegenüber von Telemachos an der Tafel Platz genommen. Odysseus folgte ihm nach, *der, wie ein alter Mann und mühbeladener Bettler, wankend am Stabe schlich, mit häßlichen Lumpen bekleidet.*

»Wen hast du uns denn da angeschleppt?« beschwerte sich Antinoos. »Als würden hier nicht schon genug Bettler herumlungern.«

»Gewagte Worte für jemanden, der selbst ein Schmarotzer ist«, entgegnete Eumaios unerschrocken.

Telemachos mischte sich ein: »Wer bist du, Antinoos, daß du dir das Recht herausnimmst, einen Gast aus dem Palast meines Vaters werfen zu wollen? Wenn du dich schon von der Habe eines anderen ernährst, solltest du nicht auch noch geizig sein.«

»Du hast mir gar nichts zu sagen«, schmetterte Antinoos.

Odysseus, der unterdessen die Runde gemacht und bei den Freiern Essensspenden eingesammelt hatte, trat an ihn heran: »Gib auch du einem Bedürftigen etwas Brot.«

»Mach, daß du wegkommst!«

»So benimmt sich aber kein gottesfürchtiger Mann«, sagte Odysseus, und Antinoos platzte der Kragen. Er warf mit einem Schemel nach Odysseus und traf ihn an der Schulter, doch Odysseus ging nur wortlos zur Schwelle zurück und ließ sich darauf nieder.

Das Gros der Freier war mit Antinoos' Verhalten nicht einverstanden: »Das hättest du nicht tun dürfen«, kam es von verschiedenen Seiten, aber der herrische Antinoos winkte nur ab.

Auch Penelope erfuhr von dem Zwischenfall und ließ dem alten Bettler ausrichten, er möge zu ihr kommen; sie hoffte, der offensichtlich vielgereiste Mann könne etwas über Odysseus erfahren haben. Odysseus ließ ihr ausrichten, daß er zwar Nachrichten von ihrem Mann habe, sie aus Angst vor den Freiern aber erst später aufsuchen wolle.

Iros

Unter den Freiern hielt sich gerne ein stadtbekannter Schmarotzer auf – Arnäos. Der berüchtigte Vielfraß wurde von den Freiern, die ihn Iros nannten, geduldet, da er für sie Botengänge erledigte. Als er Odysseus in seinen Lumpen auf der Schwelle sitzen sah, wollte er den vermeintlichen Konkurrenten sofort vor die Tür setzen. Odysseus hätte ihn im Handumdrehen zum Schweigen bringen können, aber er gab ihm eine Chance: *Heilloser, hab' ich doch nie mit Wort oder Tat dich beleidigt! Hat doch die Schwelle Platz für beide; es ziemt sich doch gar nicht, neidisch auf andre Menschen zu sein.*

Iros zeigte sich uneinsichtig: *All ihr Götter! Was läuft ihm die Zunge so schnell, dem Schmarotzer! Wie einer alten Köchin! Ich möcht' es ihm übel gedenken, rechts und links ihn zerdreschen und alle Zähn' aus dem Maul ihm schlagen, wie einer Sau, die fremde Saaten verwüstet!*

»Seht euch das an«, rief Antinoos amüsiert, »jetzt fordern sich die Bettler schon untereinander heraus.«

Dankbar für das unerwartete Unterhaltungsprogramm, stachelten die Freier Iros und Odysseus zum Kampf an.

Antinoos: »Der Sieger des Kampfes darf ab sofort immer an unserem Mahl teilnehmen und wird künftig der einzige Bettler sein, der die Schwelle des Palastes übertreten darf.«

Odysseus raffte sein Lumpengewand zusammen, und als Iros sah, was für Arme und Beine darunter zum Vorschein kamen, wurde ihm ganz schlecht vor Angst. Damit hatte er nicht gerechnet. Nur mit Gewalt konnte der an allen Gliedern Zitternde vor Odysseus gezerrt werden.

»Das überlebt Iros nicht«, munkelten einige der Freier.

Der Kampf dauerte keine drei Sekunden: Mit einem Schlag zertrümmerte Odysseus Iros den Kiefer, und der dicke Maulheld fiel in den Staub; die Freier standen auf und klatschten Beifall, während Odysseus ihn an den Füßen aus dem Palast schleifte. Antinoos gab dem Sieger, wie versprochen, die schönste Wurst zu essen, und als Amphinomos ihm noch zwei Brote dazulegte, sagte er mitfühlend zu Odysseus: »Ich hoffe, du wirst auch wieder bessere Zeiten erleben.«

Odysseus, der früher oft unbeherrscht, eitel und mißgünstig gehandelt hatte, war inzwischen ein geläuterterter Mann. Die Erlebnisse der letzten 20 Jahre hatten ihn zu einem halben Philosophen werden lassen. So klang er nun ungewöhnlich selbstkritisch, als er zu Amphinomos, den er noch für den Verständigsten unter den Freiern hielt, sagte: »Der Mensch ist ein Ignorant. Nie glaubt er, daß ihm etwas zustoßen könne, solange er nur gesund ist und seine Knie beweglich sind. Wenn ihm die Götter aber ein Mißgeschick bescheren, dann kann er nichts weiter tun, als sein Los zu erdulden. Auch ich war einst ein glücklicher und begüterter Mann, aber ich habe, vom Übermut verleitet, viel Übles getan. Inzwischen weiß ich, daß ein Mann sich niemals zum Frevel verleiten lassen soll. So gebe ich dir jetzt die Chance, dich aus dem Kreis der Freier zu entfernen und nach Hause zu gehen, denn ich bin sicher, daß Odysseus bald heimkehren und seine Rache schrecklich sein wird.«

Amphinomos bekam einen richtigen Kloß im Hals bei den

Worten des Fremden, aber er war zu stolz, um sich vor der versammelten Freierschar den Worten eines greisen Bettlers zu beugen, und so setzte er sich wieder.

Plötzlich kam Penelope, von zwei Mägden begleitet, die Treppe herab. Ihr Gesicht war verschleiert, aber ihre Bewegungen so edel und anmutig, daß *allen erbebten die Knie', und Verlangen bezaubert' die Herzen.*

»Telemachos, mein Sohn«, sagte sie, »ich habe gehört, daß man mit einem Stuhl nach einem Gast unseres Hauses geworfen hat. Wie kannst du so etwas zulassen?«

Jetzt wurde auch Telemachos philosophisch: *Mutter, daß du mir zürnst, kann ich dir nimmer verargen! Doch ich versteh' wohl im Herzen genug, und weiß es zu sehen, Gutes und Böses auch.*

Nachdem Theoklymenos ihr soeben erst die bevorstehende Rückkehr ihres Gatten verkündet hatte, dachte Penelope nicht im Traum daran, sich jetzt einen neuen Gatten zu suchen, trotzdem sagte sie: »Als Odysseus damals in den Krieg gegen Troja gezogen ist, hat er bereits gewußt, daß seine Heimkehr ungewiß sein würde. Er bat mich, so lange für mein Heim und meine Familie Sorge zu tragen, bis meinem Sohne der erste Bart wachsen würde. Dann könne ich das Haus verlassen und mich neu vermählen. Widerwillig werde ich mir also demnächst einen Freier erwählen. Aber noch etwas kränkt mich: Ist es nicht üblich, daß Freier um eine Frau von edler Gesinnung mit Brautgeschenken werben, statt ihr Gut zu verzehren?«

Odysseus durchschaute sofort, daß Penelope den Freiern nur Geschenke entlocken wollte, und lächelte still in sich hinein, die Freier aber schickten ihre Herolde los, um Kostbarkeiten zu holen. In kurzer Zeit wurden Gewänder, Halsketten und Ohrringe im Saal aufgehäuft, und Penelope entschwand die Treppe hinauf, während die Mädchen ihr die Schätze hinterhertrugen.

Wenn Penelope, die aufgrund ihres erhabenen Charakters

die moralische Instanz im Haus war, sich in die Niederungen der Freier begab, wurden sich die Schmarotzer im Saal stets der Schändlichkeit ihres Tuns bewußt. Wer von ihnen noch einen Funken Ehrgefühl im Leib hatte, fühlte sich schuldig, und niemand wagte es, sich danebenzubenehmen. Entsprechend groß war die Erleichterung, als Penelope sich jetzt in ihre Gemächer zurückzog – und die Moral mit ihr.

Feuerbecken wurden entzündet, und die Freier wandten sich wieder Tanz und Gesang zu – und natürlich dem Wein. Odysseus ging von einem Becken zum anderen, um die Feuer in Gang zu halten, da höhnte Eurymachos: »Schaut euch den Alten an! Ein Gott muß ihn uns geschickt haben. Seht nur, wie seine Glatze leuchtet.« Und zu Odysseus: »Ich würde dich ja als Knecht nehmen, aber du scheinst nur Unsinn im Kopf zu haben und dich am liebsten vor der Arbeit zu drücken.«

»Mit dir würde ich jederzeit um die Wette arbeiten«, entgegnete Odysseus. »Du stolzer Gockel fühlst dich doch nur stark, weil du von deinesgleichen umgeben bist.«

Wütend sprang Eurymachos auf und schleuderte den Schemel nach Odysseus. Der duckte sich, und so traf der Stuhl den Mundschenk und schleuderte ihm den Krug aus der Hand. Die anderen Freier mischten sich ein, schimpften auf Odysseus, der ihnen das schöne Fest verleide, und es entstand ein lautes Durcheinander, bis Telemachos mit seiner Stimme alle übertönte und sie zur Räson rief: »Ihr werdet doch nicht wegen einer vorlauten Äußerung auf einen alten Bettler einschlagen wollen! Es ist spät, und die Gemüter sind erhitzt. So möge uns denn der Mundschenk noch einmal die Becher füllen, damit wir den Göttern spenden können, und dann seid so gut, und geht nach Hause.«

Die beschämten Freier bissen sich auf die Lippen, und als Amphinomos das Wort ergriff und die anderen dazu aufrief, den Wunsch des Hausherrn zu respektieren, ließen sie die Feier ausklingen und räumten den Palast.

Odysseus und Telemachos blieben allein im Saal zurück. Bis hierher hatte ihr Plan funktioniert, das Schwierigste aber stand ihnen noch bevor. Heimlich schafften sie alle im Saal befindlichen Waffen in den Keller und versteckten sie dort in einer Kammer; die Freier durften morgen keine Schwerter oder Speere in ihrer Reichweite haben.

Penelope

Telemachos hatte sich bereits zu Bett begeben, und Odysseus saß grübelnd zwischen den Überresten der Feier, als Penelope mit ihren Mägden aus ihren Gemächern kam und sich in ihren Lieblingssessel ans Feuer setzte, der mit Silber und Elfenbein verziert war. Wehmütig starrte sie in die Flammen, während um sie herum die Mägde das Chaos in Ordnung brachten.

Melantho, einer heuchlerischen Dienerin, die ein heimliches Verhältnis mit dem Freier Eurymachos hatte, war der alte Bettler nicht geheuer. Schon früher am Abend hatte sie versucht, ihn aus dem Palast zu scheuchen. Als sie ihn jetzt noch immer im Saal sitzen sah, fuhr sie ihn an: »Mach, daß du wegkommst, bevor ich ein brennendes Holzscheit nach dir werfe.«

»Etwas mehr Respekt würde dir gut anstehn«, antwortete Odysseus. »Weißt du nicht, daß Hochmut vor dem Fall kommt?«

Penelope ging dazwischen: »Du unverschämtes Weib«, herrschte sie Melantho an, »glaubst du, ich wüßte nicht, was du unter meinem Dach alles treibst? Mach nur weiter so!«

Sie ließ einen Sessel für den Gast bringen und bat ihn, sich zu setzen.

Das folgende Gespräch zwischen Penelope und ihrem unerkannten Gemahl ist ein mustergültiges Beispiel dafür, wie zwei Menschen aneinander vorbeireden können und gleichzeitig verraten, was sie eigentlich bewegt. Hier die Kurzfassung:

Penelope: »Sag mir, Alter, wer bist du eigentlich, und woher kommst du?«

Odysseus: *Frau, kein Sterblicher lebt auf der unermeßlichen Erde, der dich tadle; dein Ruhm erreicht die Feste des Himmels, wie nur der eines guten und gottesfürchtigen Königs.*

Penelope: »Ach, wenn doch nur Odysseus zurückkäme!« Schließlich aber knüpften ihre Gesprächsfäden doch noch aneinander an, und der Bettler fabulierte, er sei der Bruder des kretischen Königs Idomeneus und habe Odysseus zwölf Tage lang beherbergt, als der damals, auf der Fahrt nach Troja, vom Weg abgekommen sei. Penelope, die genug Lügenmärchen über ihren Mann gehört hatte, wollte es genau wissen: »Wie sah er denn aus?«

Nach zwanzig Jahren war die Erinnerung des Bettlers natürlich getrübt, aber Odysseus' Mantel mit der prachtvoll aufgestickten Jagdszene hatte er noch deutlich vor Augen. Auch Penelope erinnerte sich an den Mantel, *und es schwoll ihr höher das Herz in sehnlicher Rührung. Aber nachdem sie ihr Herz mit vielen Tränen gesättigt*, sagte Odysseus: »Ich kann ja verstehen, daß du dich grämst, andere Frauen würden bereits den Verlust eines viel geringeren Gatten betrauern. Von Odysseus erzählt man sich ja gar, daß er den Göttern gleiche! Doch jetzt hör auf zu weinen, und höre mir zu: Dein Mann wird zurückkehren, und zwar schon bald! Pheidon, der thesprotische König, hat mir persönlich berichtet, daß das Schiff, das Odysseus nach Ithaka zurückbringen soll, bereits abfahrbereit im Hafen liegt.«

»Ich wünschte, du hättest recht«, gab sich Penelope einmal mehr skeptisch. Sie rief nach der treuen Magd Eurykleia und bat sie, dem Gast ein Fußbad zu bereiten. Die Alte kniete sich fügsam vor Odysseus nieder und goß Wasser in ein Becken. Sie hatte kaum mit dem Waschen begonnen, da ließ sie mit einem Aufschrei Odysseus' Fuß in die Schüssel fallen. Dröhnend stürzte das Becken um, und das Wasser ergoß sich auf den Boden.

»Die Narbe«, stammelte sie und deutete auf den Fuß. »Die Narbe, die dir ein Eber einst auf dem Parnaß geschlagen hat! Ich erkenne sie wieder. Du bist es selbst – Odysseus!«

Penelope war so in Gedanken versunken, daß sie nichts davon mitbekam. Odysseus zog die Alte schnell zu sich heran und flüsterte ihr erregt ins Ohr: »Wirst du wohl den Mund halten! Niemand hier darf mein Geheimnis erfahren!«

Eurykleia verstummte gehorsam, holte neues Wasser und versuchte, sich nichts anmerken zu lassen.

Penelope war unterdessen ganz ihrem Pessimismus erlegen. Die Situation erschien ihr ausweglos: »Ich glaube nicht mehr daran«, sagte sie resigniert. »Morgen werde ich einen Wettkampf veranstalten. Früher hat Odysseus manchmal zwölf Äxte in einer Reihe aufgestellt und beim ersten Versuch einen Pfeil durch alle zwölf Ösen geschossen. Wenn einer der Freier ihm das nachmacht, werde ich ihn zum Mann nehmen und den Palast verlassen, so schmerzlich dieses Opfer auch sein mag.«

Der Fremde nahm diese Entscheidung mit sonderbarer Gelassenheit auf: »Richte den Wettkampf ruhig aus. Odysseus wird an den Hof zurückkehren, ehe einer der Freier die Aufgabe löst.«

Penelope schüttelte traurig den Kopf. Wo nahm der alte Bettler nur seine Zuversicht her?

»Ich werde versuchen, ein wenig zu schlafen«, sagte sie und entschwand in ihr Gemach, wo ihr Bett auf sie wartete, das ihr schon lange verhaßt war, weil es ihr doch nur immer die Abwesenheit ihres Mannes vor Augen führte.

Drohende Schatten

Odysseus war keine geruhsame Nacht beschieden. Zuerst schnatterten die schamlosen Dienerinnen auf dem Weg zu ihren Freiern durch den Palast – Odysseus hätte sie am liebsten an Ort und Stelle erschlagen –, dann wälzte er sich stundenlang auf seinem Lager hin und her und überlegte, wie er allein die vielen Freier bezwingen sollte. Das ging so lange, bis Athene den Anblick nicht länger ertragen konnte, vom Olymp herabschwebte und an seinem Lager erschien: »Schlaf jetzt endlich. Es wird alles gut.« Und schon war er eingeschlafen.

Der nächste Tag war der jährliche Festtag zu Ehren des göttlichen Schützen Apollon, und so stand der Vormittag ganz im Zeichen der Vorbereitungen für die Feier, die im Palast stattfinden sollte. Hektische Betriebsamkeit breitete sich aus, und nach und nach trafen die Hirten mit dem Schlachtvieh ein.

Als erster kam Eumaios, der seine drei besten Schweine brachte. Freundlich erkundigte er sich bei dem Bettler, wie es ihm im Kreis der Freier ergangen sei. Danach kam Melanthios, der eine ganze Ziegenherde in den Hof trieb. Ihm war der Alte verhaßt: »Bist du noch immer hier! *Ich glaube, wir werden uns wohl nicht trennen, bevor du diese Fäuste gekostet! Das ist doch wider den Anstand, wie du hier bettelst!*«

Als letzter kam Philoitios, der Schafe und ein Rind in den Hof führte. Er grüßte den Fremden freundlich und sagte: »Es ist komisch, als ich dich eben sah, mußte ich im ersten Moment an Odysseus denken, meinen armen Herrn, der so lange schon verschollen und vielleicht längst ins Haus des Hades eingekehrt ist.«

»Mach dir keine Sorgen um deinen Herrn«, sagte Odysseus. »Du wirst seine Rückkehr noch miterleben.«

Eumaios und Philoitios waren sich einig: »Nichts lieber als das. Dann könnten wir den Freiern endlich eine Lektion erteilen.«

Die Freier hatten unterdessen die Ermordung Telemachos' beschlossen, doch ein warnendes Zeichen – ein Adler mit einer Taube in den Fängen – hielt sie vorerst von der Durchführung ihres Plans ab.

Nachdem sie sich vollzählig zum Frühmahl im Palast eingefunden hatten, ergriff Telemachos das Wort und ermahnte sie: »Ich werde ab sofort keinen Streit im Hause meines Vaters mehr dulden. Reißt euch zusammen, und benehmt euch gebührlich.«

Beschämt verstummten die Anwesenden, nur Antinoos konnte mal wieder seinen Mund nicht halten: »Du kannst froh sein, daß du noch am Leben bist.«

Telemachos' Ermahnung hielt nicht lange vor: Schon bald erhob sich Ktesippos, zeigte zur Schwelle, auf der Odysseus Platz genommen hatte, und rief: »Da ihr unserem Gast dahinten schon von eurem Essen gegeben habt, so will auch ich ihm ein Geschenk verehren. Hier, Alter!«

Er nahm einen Kuhfuß aus einem der Körbe und schleuderte ihn nach Odysseus, der jedoch ausweichen konnte, so daß der Huf mit einem heftigen Aufprall gegen die Wand klatschte.

»Jetzt reicht es aber!« rief Telemachos. »Du kannst froh sein, den Alten nicht getroffen zu haben, sonst hätte ich dich schon mit meiner Lanze durchbohrt.«

»Beruhigt euch«, sagte Agelaos. Und zu Telemachos: »Ich verstehe ja, daß Penelope warten wollte, um zu sehen, ob Odysseus zurückkehren würde, aber langsam solltest du deiner Mutter befehlen, sich neu zu vermählen und das Haus zu verlassen.«

»Niemals werde ich meine Mutter gegen ihren Willen aus dem Haus jagen!«

Nach diesen Worten ging im Saal eine eigenartige Verwandlung vor sich: Die Freier gerieten außer sich vor Lachen und wurden von einer unerklärlichen Hysterie befallen. Ihre Gesichter verzerrten sich, und ihre Augen füllten sich mit Tränen, während sie nach blutigem Fleisch langten und sich wie Tiere darüber hermachten. Angesichts dessen hatte der Seher Theoklymenos eine Vision und mahnte die Freier mit eindringlichen Worten:

Ach, Unglückliche ihr! Was kommt über euch für ein Unheil!
Nacht verhüllt euer Haupt und Gesicht und eure Glieder,
Wehklage schallt durchs Haus, und naß sind die Wangen von
Tränen!
Blut spritzt rings an die Wände und in die Nischen. Es füllt
sich
Schon mit Schatten der Flur, und es füllt sich mit Schatten der
Vorhof,
Die zum Erebos drängen, hinab ins Dunkel; die Sonne
Ist am Himmel verlöscht, und rings herrscht grausiges Dunkel.

Die Freier amüsierten sich königlich über die Worte des Sehers, und Eurymachos rief: »Am hellichten Tag bricht für ihn die Nacht herein! Geleite den Ärmsten doch jemand zum Marktplatz, sonst findet er am Ende den Weg nicht.«

Und ein anderer posaunte: »Telemachos, was beherbergst du nur für Gäste in deinem Haus? Wir sollten die beiden Taugenichtse schleunigst zu den Sikelern (antikes Volk auf Sizilien) bringen, die zahlen dir vielleicht noch etwas für sie.«

»Ihr werdet noch an meine Worte denken! Keiner von euch wird dem Verderben entgehen«, prophezeite Theoklymenos und verließ unter schallendem Gelächter den Palast. So ging das Frühmahl ausgelassen zu Ende, der Tag aber sollte noch Überraschungen bereithalten.

Der Bogen

Penelope stieg die Treppe empor. In der hinteren Kammer waren die Kostbarkeiten ihres Mannes verschlossen, unter ihnen sein Bogen, der seit zwanzig Jahren nicht mehr benutzt worden war. Als er in Odysseus' Hände gelangte, hatte er bereits eine wechselvolle Geschichte hinter sich: Einst gehörte er König Eurytos, der Herakles als Knaben das Bogenschießen beibrachte. Dessen Sohn Iphitos schenkte ihn später Odysseus als Zeichen einer jungen Freundschaft, die zu erneuern die beiden allerdings keine Gelegenheit mehr hatten, denn kurze Zeit später tötete Herakles Iphitos in wahnsinniger Verblendung. Beim Anblick des Bogens wurde Penelope von einer schrecklichen Trauer überfallen und brach in Tränen aus. Doch sie hatte ihre Entscheidung getroffen, und so nahm sie schließlich den Bogen, griff sich den Köcher mit den *jammerbringenden Pfeilen* und ging hinunter zu den Freiern.

»Also dann«, sagte Penelope schweren Herzens, »hier ist der Bogen. Wer ihn spannen kann und einen Pfeil durch die Ösen der zwölf Äxte schießt, dem werde ich mich vermählen.«

Telemachos griff sich als erster den Bogen; er hoffte, seiner Mutter die Vermählung ersparen zu können, wenn ihm selbst das Kunststück gelänge. Er richtete die Äxte aus, scheiterte jedoch schon bei dem Versuch, den Bogen zu spannen. Niedergeschlagen reichte er die prachtvolle Waffe weiter, konnte sich aber damit trösten, daß es den Freiern auch nicht besser erging.

Es war ein erbärmliches Schauspiel: Keiner von ihnen konnte auch nur die Sehne aufziehen, nicht einmal, nachdem man den Bogen über dem Feuer erwärmt und damit biegsamer gemacht hatte. Eumaios und der Rinderhirt Philoitios mochten es nicht mit ansehen und gingen nach draußen. Sie hatten bereits den Hof durchquert, als sie von hinten eine Stimme vernahmen: »Wartet! Wo wollt ihr denn so eilig hin?«

Es war der alte Bettler, der ihnen nachgelaufen kam. Die beiden fragten sich, was der wohl von ihnen wollte.

»Ganz unter uns«, sagte er konspirativ, »was würdet ihr tun, wenn Odysseus jetzt in den Palast zurückkäme? Würdet ihr ihm beistehen gegen die Freier oder ihm den Rücken kehren?«

»Blöde Frage«, sagte Philoitios, »beistehen natürlich.«

Eumaios zuckte mit den Schultern: »Ist doch wohl klar.«

»Na dann«, sagte Odysseus und wickelte die Lumpen von

seinem Fuß ab. »Hier, kommt euch die Narbe irgendwie bekannt vor? Ich bin's – Odysseus!«

»Das kann doch nicht wahr sein!« rief Eumaios aus, und sie schlossen unter Tränen einander in die Arme.

Odysseus gewann als erster seine Fassung wieder: »So, jetzt ist es aber genug«, sagte er nach einer Weile, »wir haben schließlich noch andere Sorgen. Paßt auf, ich habe einen Plan …«

Als die drei in den Palast zurückkehrten, versuchten die Freier noch immer, den Bogen zu spannen. Im Moment war es Eurymachos, der sich erfolglos verrenkte.

»Laß es gut sein«, sagte Antinoos schließlich auf der Suche nach einer Entschuldigung. »Am heiligen Tag des Schützen Apollon wird keiner den Bogen spannen. Wir sollten den Gott lieber ehren und … feiern!«

Eine Weile lang sah Odysseus mit an, wie die ruchlosen Freier aus überfüllten Bechern den Wein ihre Kehlen hinunterstürzten – Penelope, die am anderen Ende des Saales Platz genommen hatte, blickte abwesend ins Leere –, dann kam, was kommen mußte: »Gebt mir den Bogen«, sagte der Bettler.

»Du bist wohl vollkommen verrückt geworden«, ereiferte sich Antinoos, den nicht so sehr die Vorstellung schreckte, daß ein anderer Penelope zur Frau bekommen könnte, sondern der sich auf keinen Fall die Blöße geben wollte, an einem Bogen gescheitert zu sein, den sogar ein alter Lumpensammler spannen konnte.

Penelope schaltete sich ein: »Antinoos, du wirst doch nicht ernstlich annehmen, daß ich einen alten Bettler zum Mann nehmen würde. Laß es ihn ruhig versuchen. Wenn es ihm gelingt, bekommt er von mir neue Kleider, Schuhe und Waffen, damit er sich wieder unter die Leute trauen kann.«

»Kommt nicht in Frage«, rief Eurymachos, der fürchtete, zum Gespött der Leute zu werden, wenn herauskäme, daß er einem Bettler unterlegen war.

Telemachos stand auf: »Außer mir hat hier niemand über den Bogen zu bestimmen! Mutter, geh hinauf in deine

Gemächer, besorge deine Geschäfte (Spindel und Webstuhl), und halte deine Dienerinnen zur Arbeit an. Das hier ist Sache der Männer!«

Staunend kehrte die Mutter zurück in ihre Gemächer und erwog im Herzen des Sohns verständiges Reden. Nach seinen gewagten Worten wollte Telemachos sich das Zepter jetzt nicht mehr aus der Hand nehmen lassen: »Eumaios, nimm den Bogen, und bring ihn dem Alten.«

Das war das Stichwort für Philoitios: Während Eumaios unter lautstarkem Protest der Freier den Bogen zu Odysseus trug, schlich sich der Rinderhirt heimlich aus dem Saal und verschloß das Hoftor, damit keiner der Freier entkäme, und während Odysseus sich nun alle Zeit der Welt nahm, unter den gespannten Blicken der Freier prüfend den Bogen zu betasten, ging Eumaios zur alten Wärterin Eurykleia und trug ihr auf, die Tür zu den Frauengemächern zu verriegeln und ja verschlossen zu halten, auch wenn aus dem Saal ungewöhnliche Geräusche zu hören sein sollten.

»Tja, dann werde ich es mal probieren«, sagte Odysseus endlich und stand auf. Münder hörten auf zu kauen, Becher wurden abgestellt oder gefroren in der Bewegung. Alle Augen waren auf den Bettler gerichtet, kein Laut war zu hören.

Mit einer Bewegung ergriff Odysseus die Sehne und spannte sie mühelos auf den Bogen; den Freiern wich vor Entsetzen die Farbe aus dem Gesicht. Odysseus nutzte die Schrecksekunde, zog schnell einen Pfeil aus dem Köcher, legte an, *schoß den Pfeil und fehlte von allen Äxten nicht eine.*

»Du siehst«, rief er zu Telemachos, »du brauchst dich für deinen Gast nicht zu schämen. Aber jetzt« – und er machte eine dramatische Pause, die Zeus wirksam mit einem bedrohlichen Donnergrollen füllte – »ist es an der Zeit, den Freiern noch bei Tag ihren Abendschmaus zu bereiten!«

Und Telemachos griff nach Schwert und Speer und trat an die Seite seines Vaters.

Der Showdown

Endlich konnte Odysseus sich zu erkennen geben und das Lumpengewand abstreifen, unter dem er tagelang seine Rachepläne ausgebrütet hatte. Er schüttete die Pfeile vor sich auf den Boden und griff sich einen.

»Dreimal dürft ihr raten, wen von euch es als ersten erwischt«, rief er und schoß Antinoos einen Pfeil durchs Genick. Ihn sterben zu sehen war kein schöner Anblick:

Rückwärts sank er um; dem Getroffenen rollte der Becher
Aus der Hand; und es schoß alsbald in mächtigem Strahle
Ihm aus der Nase das Blut, und jäh mit den schlagenden Füßen
Stieß er den Tisch um; alles Essen stürzte zu Boden;
Brot und Gebratenes lag im Blute ...

Die Freier waren wie gelähmt. In Gemeinschaft der anderen hatte sich jeder einzelne von ihnen unverwundbar gefühlt. Wer hätte ihnen schon etwas anhaben sollen? Dann stürzten sie doch zu den Waffen ... die Odysseus und Telemachos am Vorabend im Keller verschlossen hatten. Zum ersten Mal stieg das Gefühl ernsthafter Bedrohung in ihren Kehlen auf.

Eurymachos versuchte, sich aus der Affäre zu ziehen: »Du hattest recht, Antinoos zu töten – schließlich war er für all das hier verantwortlich. Jetzt aber, da er tot ist, verschone uns. Für den entstandenen Schaden kommen wir natürlich auf, ist doch Ehrensache.«

»Wie kannst du feige Kreatur es wagen, das Wort Ehre auch nur in den Mund zu nehmen«, sprach Odysseus angewidert. »Macht euch nichts vor, ihr habt nur eine Wahl: kämpfen oder fliehen. Beides wird euch nichts nützen.«

In seiner Verzweiflung zog Eurymachos sein Schwert und stürmte auf Odysseus los, doch dessen Pfeil durchbohrte ihm die Brust, bevor er über den Tisch gesprungen war. Spätestens jetzt hatte auch der dümmste Freier verstanden, daß dies eine Sache auf Leben und Tod war.

Während Telemachos hinauf in die Kammer des Vaters lief und für ihn und seine Mitstreiter Waffen herbeischaffte, hielt Odysseus die Stellung. Mit jedem seiner Pfeile streckte er einen Freier zu Boden. Telemachos kam gerade rechtzeitig zurück, als ihm die Pfeile ausgingen. Er hatte eben die Lanzen verteilt, als ihnen zwölf Freier gegenübertraten, die ebenfalls mit Speeren bewaffnet waren. Odysseus rutschte das Herz in die Knie: »Wo haben sie die denn plötzlich her?«

Telemachos ahnte Schreckliches: »Ich fürchte, das ist meine Schuld. Ich muß die Kammertür aufgelassen haben. Sieh nur, der Ziegenhirt ist schon wieder auf dem Weg nach oben!«

»Eumaios, Philoitios«, befahl Odysseus, »ihr kümmert euch um Melanthios, Telemachos und ich halten solange die Freier auf. Beeilung!«

Die treuen Hirten liefen zur Kammer hinauf und postierten sich rechts und links des Eingangs. Als Melanthios schwer beladen aus der Tür kam, zerrten sie ihn an den Haaren in die Kammer zurück, schnürten ihm Hände und Füße auf dem Rücken zusammen und zogen ihn an einem Strick unter die Decke.

»Mach's dir bequem«, höhnte Eumaios, dann eilten sie in den Saal zurück. Dort hatte sich nicht viel verändert: Telemachos und Odysseus hatten sich an der Pforte postiert, im Saal lauerten die Freier. Jeder wartete darauf, was der andere als nächstes tun würde.

Plötzlich tauchte Mentor, der alte Freund der Familie, neben Odysseus auf, der sofort ahnte, daß es sich dabei um seine göttliche Beschützerin Athene handeln mußte, denn die Pforten zum Palast waren verriegelt.

»Was ist los?« stachelte sie ihn an. »Zehn Jahre lang hast du vor Troja um Helena gekämpft, und jetzt, wo es um deine eigene Frau geht, verläßt dich der Mut? Ich muß mich doch sehr wundern.«

Sprach's, flog als Schwalbe zur Decke empor und ließ sich auf einem Balken nieder.

Agelaos, der sich zum Wortführer der Freier aufgeschwungen hatte, befahl den Angriff. Sechs der Lanzenträger traten hervor und schleuderten ihre Speere, doch wie durch ein Wunder verfehlten alle ihr Ziel.

»Jetzt!« rief Odysseus, und als Antwort kamen nun ihre Speere geflogen.

Man ahnt es: Jeder von ihnen traf einen Gegner. Die Freier wichen verängstigt zurück, und Odysseus und seine Helfer konnten nachsetzen und sich ihre Speere zurückholen. Das Spiel wiederholte sich, und nachdem der zweite Angriff der Freier ebenfalls wirkungslos blieb, stoben sie wild auseinander.

Es folgte ein grausames, unbarmherziges Gemetzel: Odysseus, Telemachos und die Hirten stürmten *unter die Freier im Saale und schlugen links und rechts, wie's traf, und schreckliches Stöhnen erhob sich unter der Schädel Gekrach, und es schwamm im Blute der Boden.* Leiodes, der als Opferbeschauer nicht zum Kreis der Freier gehörte, warf sich Odysseus zu Füßen und bat um Gnade. Doch Odysseus war unerbittlich und ging gerade im Strudel seines eigenen Blutrauschs unter: »Du bist kein bißchen besser als die anderen«, entschied er und schlug dem vor ihm Knienden kurzerhand den Kopf ab. Phemios, der Sänger, trat nun ebenfalls hervor. Auch er hatte keine andere Chance, als Odysseus um Erbarmen anzuflehen.

Er hatte Glück, Telemachos legte ein gutes Wort für ihn ein: »Verschone ihn, Vater. Er und Medon, der Herold, haben mir stets die Treue gehalten.«

»Ja, stimmt genau«, sagte Medon, der bei den Worten Telemachos' unter einem Rinderfell hervorgekrochen kam. »Bitte verschone uns.«

»Schon recht«, sagte Odysseus und lächelte milde. »Geht raus und setzt euch in den Hof, solange ich hier noch zu tun habe.«

Er suchte den Saal ab, bis er sicher war, keinen der Freier übersehen zu haben. Von Schweiß und Staub verklebt, stand er zwischen den Leichen, die wie Fische den Boden bedeckten; seine Hände und Füße troffen von Blut. Noch aber war sein Rachedurst nicht gestillt. Müde rief er seinen Sohn: »Geh und hole mir die oberste Dienerin Eurykleia her.«

Der Anblick des Blutbades schockierte die alte Eurykleia weniger, als man hätte annehmen können: Vor Freude jauchzte sie laut auf, doch Odysseus war ein Ehrenmann und mahnte sie zur Besonnenheit: »Es ist Sünde, sich am Anblick toter Feinde zu ergötzen. Die Götter haben das Urteil gesprochen, ich habe es nur ausgeführt. Und jetzt ... bringe mir diejenigen Dienerinnen in den Saal, die mein Haus mit Schande besudelt haben.«

Er hatte beschlossen, auch die untreuen Sklavinnen mit dem Tod zu bestrafen, wollte es aber nicht selber machen. Daher trug er Telemachos und den Hirten auf, die zwölf Frauen, die Eurykleia von den fünfzig Dienerinnen anzeigte, in den Hof zu bringen und dort zu erschlagen. Telemachos, dessen Rachegelüste ebenfalls noch nicht befriedigt waren, fand, das sei noch zu gnädig. Der Tod durch das Schwert erschien ihm zu ehrenvoll für diese falschen Schlangen, die ihn und seine Mutter jahrelang verhöhnt hatten. Er spannte ein Seil von einer Säule bis hinüber zum Rundbau und knüpfte sie daran auf.

Also hingen sie dort mit den Häuptern nebeneinander,
Alle den Hals in der Schlinge, und starben des kläglichsten
    Todes,
Zappelten noch mit den Füßen ein wenig, aber nicht lange.

Melanthios, dem Ziegenhirten, erging es noch schlimmer: Sie

Schnitten ihm Nase und Ohren ab mit grausamem Erze,
Rissen die Scham ihm aus und gaben's den Hunden zu fressen,
Hieben ihm Hände und Füße ab in grimmigem Zorne.
Und dann wuschen sie sich die Hände und Füße und gingen
Zu Odysseus ins Haus zurück. Das Werk war vollendet.

Happy-End

Die Leichen lagen aufgestapelt im Hof, der Saal war gesäubert, Tische und Stühle standen wieder an ihren Plätzen, und Odysseus hatte den Palast mit Schwefel ausgeräuchert – Penelope aber war noch immer in ihrem Gemach. Kaum zu glauben: Nachdem Telemachos sie nach oben geschickt hatte, war sie schluchzend auf ihrem Bett zusammengebrochen – und hatte das Massaker vollständig verschlafen.

Als sie nun geweckt wurde und Eurykleia ihr zu erklären versuchte, daß Odysseus zurückgekehrt sei, die Freier getötet habe und unten im Saal auf sie warte, überstieg das ihr Fassungsvermögen. Sie glaubte ihrer treuen Dienerin kein Wort. Eurykleia mußte all ihre Überzeugungskraft aufbieten, um sie wenigstens zum Nachsehen zu bewegen. Als Penelope in den Saal kam und sah, daß die Freier verschwunden waren, ließ sie sich wortlos auf einem Sessel nieder; ihr gegenüber, am anderen Ende des Saales, saß Odysseus. Nach so vielen Jahren immer wieder enttäuschter Hoffnungen weigerte sie sich zunächst, die Rückkehr ihres Mannes anzunehmen.

»Sieh doch, er ist es! Odysseus ist zurück!« rief Telemachos, enttäuscht von der Distanziertheit seiner Mutter.

Penelope: *Lieber Sohn, mein Geist ist ganz in Staunen verloren, und ich vermag kein Wort zu reden oder zu fragen, noch ihm grad in die Augen zu schaun.*

Odysseus lächelte verständig: »Laß nur«, sagte er zu Telemachos, »sie braucht etwas Zeit, sich an den Gedanken zu gewöhnen.«

Aber auch Odysseus' Geduld erschöpfte sich. Nachdem er gebadet und gesalbt worden war und sich endlich neue Kleider angezogen hatte, setzte er sich wieder auf seinen Platz Penelope gegenüber, die wie festgewachsen in ihrem Sessel erstarrt war.

Vor allen Weibern der Erde haben die Himmlischen dir ein hartes Herz gegeben, beklagte er sich und wies Eurykleia an, ihm einen separaten Schlafplatz herzurichten.

Francesco Primaticcio »Odysseus und Penelope«
(um 1563)

Penelope suchte nach einem letzten Beweis seiner Identität und sagte zu ihrer Dienerin: »So stelle ihm denn sein Bett, das er einst selbst gezimmert hat, draußen vor das Gemach.«

Odysseus war aufgebracht: »Das möchte ich sehen, daß jemand mein Bett von der Stelle bewegt. Als wüßtest du nicht, daß einer der Bettpfosten der Stamm des Olivenbaums ist, der unter dem Zimmer steht und um den ich damals herumgemauert habe. Die Decke habe ich extra so gebaut, daß der Stamm durch sie hindurch ragt.«

Dies konnte nur Odysseus wissen. Penelope sprang auf und lief ihm weinend in die Arme.

»Verzeih mir«, schluchzte sie mit tränenerstickter Stimme, »aber ich hätte es nicht ertragen, noch einmal enttäuscht zu werden.« Und sie bedeckten einander mit Küssen und ließen ihren Freudentränen freien Lauf.

Diese Nacht sollte nur ihnen gehören. Odysseus brannte darauf, ihr von seinen Abenteuern und Entbehrungen zu berichten, und Penelope wollte sich den Gram und das Leid der schrecklichen Jahre von der Seele reden. Da konnte es nur eine Sache geben, die noch dringlicher war, und *so kehrten die beiden freudig wieder zur Stätte des altvertraulichen Lagers*, zurück, und erst nachdem *die beiden sich an der Fülle der Liebe ersättigt, freuten sie sich der Zwiesprach' und redeten viel miteinander.*

Athene war voller Verständnis. Tief bewegt von der überwältigenden Wiedersehensfreude der beiden, hielt sie Eos, die Göttin der Morgenröte, lange zurück, bevor sie sie ihre Pferde anspannen ließ, um den Menschen das Licht zu bringen – denn Odysseus und Penelope hatten sich viel zu erzählen.

Laërtes

Am folgenden Morgen war Odysseus bereits wieder voller Tatendrang. Er trug Penelope auf, die Tore des Palastes möglichst verschlossen zu halten, während er, Telemachos und die Hirten seinen Vater Laërtes aufsuchen wollten. Es würde nicht lange dauern, bis die Freier von ihren Familien vermißt würden, und wenn herauskäme, daß sie übereinandergestapelt im Hof lagen, würden ein paar mitfühlende Worte zur Beschwichtigung kaum ausreichen.

Während die vier auf dem Weg zu Laërtes waren, kam Hermes, der Götterbote, zum Palast und führte die Seelen der Freier in den Hades hinab. Wie ein Schwarm Fledermäuse folgten sie ihm ins Reich der Schatten, wo sie den Seelen der trojanischen Kriegshelden begegnen sollten.

Als Odysseus und seine Begleiter Laërtes' Hof erreichten, schickte er Telemachos und die Hirten ins Haus und ging

seinen Vater suchen. Er fand ihn allein im Garten, wo er gerade damit beschäftigt war, einen Strauch umzupflanzen.
Odysseus wurde ganz schwer ums Herz, als er seinen Vater
auf dem Boden knien sah; in den langen Jahren seiner Abwesenheit war er ein Greis geworden. Unter einem Birnbaum
stehend, beobachtete er ihn, und der Schmerz über die unab-
wendbare Vergänglichkeit des Lebens trieb ihm Tränen des
Kummers in die Augen.

Odysseus' Argwohn nahm zuweilen pathologische Dimen-
sionen an – freilich wußte niemand besser als er, zu welchen
Täuschungen die Menschen fähig waren; er widerstand dem
ersten Impuls, sich seinem Vater zu erkennen zu geben und
stellte ihn statt dessen auf die Probe, indem er vorgab, ein ge-
wisser Eperitos zu sein.

Odysseus sprach zu ihm: »Stimmt es, daß dies die Insel
Ithaka ist, wie mir ein Mann vorhin erzählt hat?«

Laërtes: »Ja, das ist wahr.«

»Was für ein Zufall! Vor ungefähr fünf Jahren beherbergte ich
einen Gast in meinem Haus, Odysseus hieß er – der stammte
aus Ithaka. Wir sind gute Freunde geworden, und bei seiner
Abreise habe ich ihn reich beschenkt.«

Laërtes schnürte sich die Brust zusammen: »Deine Gaben
hast du umsonst verschenkt! Längst haben die Fische seine
Leiche gefressen, und statt seiner regiert der Frevel am Hof.«

… und den Vater umhüllte die schwarze Wolke des Kummers.
Und er nahm mit den Händen vom Staub der Erde und warf
ihn
Über sein graues Haupt mit vielen kläglichen Seufzern.
Ihm (Odysseus) *aber schwoll das Herz, und es drang ihm bis*
in die Nüstern
Stechend, den lieben Vater so vor Augen zu haben.

Jetzt konnte auch Odysseus sein Versteckspiel nicht länger
durchhalten: *Vater, hier, ich bin es ja selbst,* rief er und schloß
Laërtes in die Arme.

Auch seinem Vater mußte er erst die Narbe am Fuß zeigen, bevor die letzten Zweifel an seiner Identität ausgeräumt waren, dann aber umschlang Laërtes seinen Sohn – und fiel vor Freude in Ohnmacht.

Unterdessen hatte sich die Nachricht von Odysseus' Rückkehr und dem Mord an den Freiern in der Stadt herumgesprochen, und unter großem Wehklagen waren die Verwandten herbeigeströmt und hatten die Toten vom Hof getragen.

Anschließend versammelten sie sich auf dem Marktplatz. Schweigend saßen sie, im Schmerz vereint, nebeneinander, bis Eupithes, Antinoos' Vater, aufstand und seinem Zorn Worte verlieh: »Odysseus' Tat ist ungeheuerlich! Wir haben die Pflicht, den Tod unserer Söhne zu rächen.«

Die anderen konnten seinen Schmerz nur allzugut nachfühlen, waren aber unentschlossen, ob sie seinem Aufruf folgen sollten. Zur allgemeinen Überraschung traten als nächstes Medon und der Sänger Phemios in den Kreis, die von Odysseus verschont worden waren.

Medon: »Wer verstünde nicht euren Schmerz und eure Rachegedanken? Aber laßt euch sagen: Odysseus hat die Freier mit Billigung und Unterstützung der Götter gerichtet. Ich selbst habe es gesehen.«

Der Seher Alitherses mahnte die Menge ebenfalls zur Besonnenheit und warf den Vätern der Freier Fahrlässigkeit vor: »Auch wenn es euch schwerfällt: Ihr selbst tragt die Schuld am Tod eurer Söhne, denn ihr habt es unterlassen, sie von ihrem verblendeten Treiben abzuhalten.«

Die meisten hatten ein Einsehen und verließen traurig die Versammlung, die anderen aber folgten Eupithes, holten ihre Waffen und machten sich auf den Weg zu Laërtes.

Als Athene das sah, suchte sie Zeus auf: »Vater, was sollen wir jetzt machen?«

Was fragst du mich? … Tu, wie es dir gefällt.

Mehr hatte Athene nicht hören wollen.

Odysseus und die anderen saßen in Laërtes' Haus zusammen und hatten eben ihr Essen beendet, als die Gruppe um Eupithes nahte. Eilig griffen sie zu den Waffen, und sogar Laërtes und sein treuer Diener Dolios legten ihre Rüstungen an. Als sie vor das Haus traten, stand plötzlich wieder der alte Mentor bei ihnen; Odysseus mußte nicht lange überlegen, um zu wissen, wer sich dahinter verbarg.

Laërtes, der jugendliche Kraft in sich aufsteigen fühlte, frohlockte: *Welch ein Tag für mich, ihr Götter! Wie ich mich freue! Sohn und Sohnes-Sohn wetteifern im Kampf um die Mannheit!*

Entschlossen schleuderte er den Angreifern seine Lanze entgegen, die prompt Eupithes' Helm durchbohrte und seinen Schädel gleich mit. Odysseus und Telemachos sprangen wagemutig in die Schar der Entgegenkommenden und hätten ein furchtbares Blutbad angerichtet, wenn Athene den Streitenden nicht Einhalt geboten hätte: »Männer von Ithaka«, hallte ihre Stimme wie aus tausend Kehlen gleichzeitig, »beendet den Kampf – sofort!«

Vor Schreck ließen die Rächer ihre Waffen fallen und flohen zurück in die Stadt. Odysseus wollte ihnen nachsetzen, aber ein flammender Blitzstrahl krachte aus heiterem Himmel vor ihm in den Boden; Zeus hatte beschlossen, kein weiteres Blutvergießen mehr zuzulassen. Er hatte genug – endgültig.

Auch Athene zeigte sich versöhnlich und riet ihrem Günstling:

Halte nun ein und laß von dem allverderbenden Kampfe,
...
Sprach's, die Göttin, und er gehorchte, freudigen Herzens.
Sie aber setzte von neuem den heiligen Bund zwischen allen,
...
Pallas Athene, die Tochter des Zeus, der die Aigis erschüttert.

Indem Athene alles zu einem harmonischen Ende fügt, endet die Odyssee.

Odysseus' Zukunft aber blieb ungewiß: Bei seinem Besuch im Reich des Hades hatte Tiresias ihm geweissagt, daß er eines Tages wieder auf Reisen gehen müsse, *fern zu vielen Städten der Menschen, … bis ich* (Odysseus) *endlich zu Männern komme, die kennen das Meer nicht und tun Salz nicht an die Speise, welche sie essen …*

Er wußte also nicht, wieviel gemeinsame Zeit ihm und Penelope bleiben würde. Aber: Wer weiß das schon?

IV. ANHANG

Zum Weiterlesen

Aus dem nahezu unüberschaubaren Literaturangebot zum Thema Homer, beziehungsweise *Ilias* und *Odyssee*, hier zur vertiefenden Lektüre einige Empfehlungen.

Übersetzungen/Nacherzählungen

Eine günstige gebundene Ausgabe der *Ilias* und *Odyssee* in der Übersetzung von Johann Heinrich Voß ist im Parkland Verlag erschienen (Köln 2000). Die Voßschen Übersetzungen von 1781 beziehungsweise 1793 haben die Jahrhunderte überdauert, stehen bis heute in ihrer Verbreitung konkurrenzlos dar und haben sich allgemein durchgesetzt. Ihr sind auch die Zitate in diesem Buch entnommen, die kursiv gesetzt sind. (Die mancherorts mit Anführungszeichen versehene direkte Rede ist, nun ja, vielleicht tatsächlich so geführt worden ...) Angereichert ist die besagte Ausgabe übrigens mit Zeichnungen von Voß' Zeitgenossen Bonaventura Genelli.

Wer es lieber in Prosa möchte, dem sei die liebevoll gestaltete jeweils zweibändige Ausgabe im Schuber von Gerhard Scheibner, die bei AtV erschienen ist, empfohlen. Sie ist viel gerühmt worden und zudem mit eindringlichen Illustrationen von Werner Klemke (*Ilias*) und Peter Nagengast (*Odyssee*) versehen (Berlin 2000).

Die *Sagen des klassischen Altertums* findet man in dem gleichnamigen Klassiker von Gustav Schwab, der seit Jahrzehnten die Ladenregale beherrscht, spannend zusammengefaßt. Die Sammlung erschien erstmals zwischen 1838 und

1840 in einer dreibändigen Ausgabe und sollte die klassischen Sagen einer breiten Leserschaft zugänglich machen. Kritische Stimmen sahen darin einen Kulturverfall, rückblickend allerdings kommt Schwab das Verdienst zu, entscheidend zur allgemeinen Verbreitung der Stoffe beigetragen zu haben. Inzwischen kann man gelegentlich Sätze wie »Ich kenne meinen Schwab!« hören, dessen Kenntnis als Ausweis profunden Halbwissens gilt. Eine schöne dreibändige Ausgabe ist bei AtV aufgelegt worden (Berlin 2000).

Auf gewohnt unterhaltsame Weise hat sich Luciano de Crescenzo speziell der *Odyssee* angenommen und sie für den Leser von heute neu erzählt. Wer seine *Geschichte der griechischen Philosophie* oder die *Kinder des Olymp* schon einmal in Händen hatte, der weiß in etwa, was ihn erwartet. Man sollte nicht jedes seiner Worte auf die Goldwaage legen, dafür garantiert de Crescenzo auf überschaubarer Distanz beste Unterhaltung (München 1998).

Sekundärliteratur

Sehr komprimiert und dennoch umfassend führen die Beiträge zur *Ilias* und *Odyssee* in *Kindlers Literaturlexikon* in das Thema ein.

Ebenfalls sehr informativ ist Herbert Bannerts *Homer*, das in der rororo-Monographienreihe erschienen ist (Reinbek 2000).

Eine gelungene Einführung zu Homer, seiner Zeit und seinen Epen hat Joachim Latacz vorgelegt: *Homer. Der erste Dichter des Abendlandes* (Darmstadt 1997). Wer sich für die Geschichte Trojas interessiert, sich über den aktuellen Ausgrabungsstand informieren und außerdem noch ein Bild von Homer machen möchte, dem sei außerdem Latacz' *Troja und Homer. Die Lösung eines uralten Rätsels* empfohlen. Das Buch liest sich zwar etwas spröde, steckt aber voller interessanter Informationenen und wissenswerter Details (Berlin 2001).

Glücklich kann sich schätzen, wer den Begleitband zur Ausstellung *Troja – Traum und Wirklichkeit* ergattert hat, die 2001/2002 in Stuttgart, Braunschweig und Bonn zu bestaunen war (die Buchhandelsausgabe erschien im Konrad Theiss Verlag, Stuttgart). Insgesamt 54 Autoren haben für das umfassend informierende Buch Beiträge verfaßt. Sie widmen sich aktuellen archäologischen Befunden ebenso wie dem europäisch-asiatischen Antagonismus seit Homer oder der Trojarezeption im 20. Jahrhundert. Von den zahllosen Abbildungen gar nicht zu reden.

Bei C.H. Beck wetteifern zwei Bücher zur griechischen Literaturgeschichte um die Gunst des Lesers. Das ausführlichere wurde von Albrecht Dihle unter dem Titel *Griechische Literaturgeschichte von Homer bis zum Hellenismus* vorgelegt (München 1998). Das »schnellere« hat Martin Hose geschrieben, es heißt *Kleine griechische Literaturgeschichte. Von Homer bis zum Ende der Antike* (München 1999).

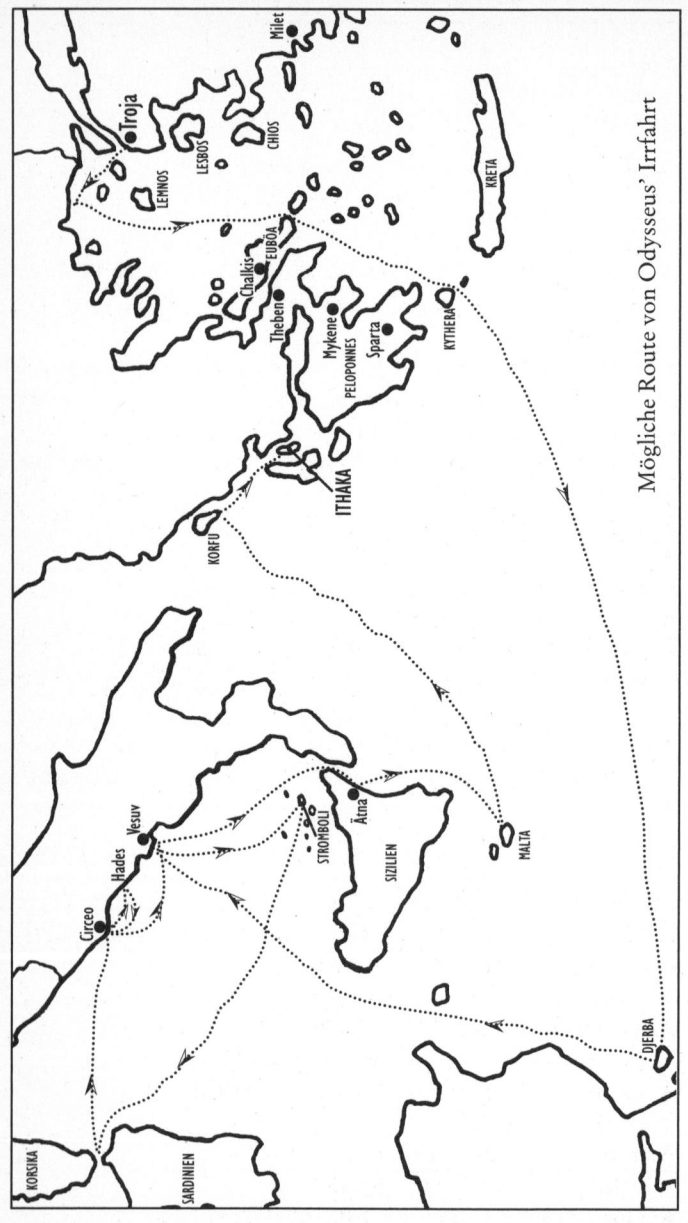

Mögliche Route von Odysseus' Irrfahrt

Personenregister

Achilleus (Sohn von Thetis und Peleus, griechischer Kriegsheld) 21, 25, 31 f., 37 f., 41, 46, 52, 61–65, 69, 73, 80 ff., 84–99, 101–118, 120, 124, 140, 155, 160, 162

Adamas (Sohn von Asios) 74

Adrastos (Großvater von Diomedes) 46

Agamemnon (König von Mykene) 16, 21, 29–33, 37 f., 40 ff., 46 f., 54–58, 61–65, 67 ff., 74, 92 f., 107 ff., 114, 124 f., 140, 148, 155, 162, 167

Agelaos (Freier) 184, 190

Agenor (trojanischer Kriegsheld) 77, 101 f.

Ägialea (Frau von Diomedes) 125

Ägisthos (Cousin von Agamemnon) 125, 140, 148

Agrius (Ätolier, Bruder von Öneus) 41

Ajax (der »große«, Sohn von Telamon, des Königs von Salamis) 33 f., 48, 55 f., 58, 62, 64 f., 68, 72, 77, 79–82, 86 ff., 90, 109, 118, 125, 140, 167

Ajax (der »kleine«, Sohn von Oileus, des Königs von Lokris) 55, 65, 72 ff., 79, 90, 109, 111, 120, 124

Aktäon (Jäger) 20

Alitherses (Seher) 152, 197

Alkimedon (griechischer Kriegsheld) 120

Alkimos (Genosse von Achilleus) 114

Alkinoos (König der Phäaken) 18, 150, 157 f., 161 ff., 165 f.

Alkmene (Mutter von Herakles) 139

Amphimachos (Enkel von Poseidon, König von Lydien) 72

Amphinomos (Freier) 172 f., 177, 179

Andromache (Gemahlin Hektors) 52, 106, 115

Äneas (trojanischer Kriegsheld, Sohn der Aphrodite) 14, 20, 47 f., 77, 83, 87 f., 95 ff., 120, 122

Antenor (angesehener Trojaner) 56

Antiklea (Mutter von Odysseus) 139

Antilochos (Sohn von Nestor) 88 f., 109–112, 117, 140

EDGAR RAI
Sonnenwende
Roman
240 Seiten
ISBN 978-3-352-00799-6

Ein Roadmovie für die Strandtasche

Es ist Sommer in der Stadt und die Gefühle fahren Achterbahn.
Tom glaubt an die Liebe, und weil er seit Jahren mit Helen zusammen
und ihr dabei auch noch treu ist, halten seine Freunde ihn für nicht
ganz normal. Vor allem Wladimir, für den jede Frau ein Verfallsdatum
trägt. Das Wort »Beziehung« hat auf ihn dieselbe Wirkung wie
Knoblauch auf einen Vampir, und wenn man in seiner Gegenwart
»heiraten« sagt, dann zerfällt er zu Staub. Aber in diesem heißen
Berliner Sommer zwischen Parkettverlegen, Partys und Schwimmen
im See werden die Karten neu gemischt.

**Mehr Informationen erhalten Sie unter www.aufbau-verlag.de
oder in Ihrer Buchhandlung**

RL rütten & loening

EDGAR RAI
Nächsten Sommer
Roman
240 Seiten
ISBN 978-3-7466-2732-8

Suche nach dem Sound des Lebens

Eigentlich wollten Felix, Marc und Bernhard nur zusammen fern-sehen, doch am nächsten Morgen sitzen sie in Marcs orangefarbenem VW-Bus. Vor ihnen liegt die Reise ihres Lebens. In Südfrankreich wartet ein Haus auf sie, ein Haus am Meer. Sie lassen die Haare im Fahrtwind wehen, ertrinken beinahe in einem See, werden von der Polizei gejagt und von den Vögeln begleitet. Sie lesen Lilith auf, Typ Scarlett Johansson. Dann stößt Zoe dazu, mit gebrochenem Herzen, und zuletzt Jeanne, die traurige Französin. Je näher sie dem Ziel ihrer Fahrt kommen, desto brennender wird die eine große Frage: Was ist das Leben? Und am Ende der Straße steht ein Haus am Meer.

»Glitzernd wie ein Tag am Meer« NEON

Mehr Informationen erhalten Sie unter www.aufbau-verlag.de
oder in Ihrer Buchhandlung

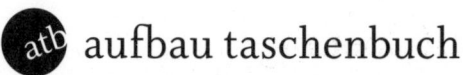

aufbau taschenbuch

»Vorn ist ein Roman. Das echte Magazin unter: www.vornmagazin.com

ANDREAS BERNARD
Vorn
Roman
250 Seiten. Gebunden
ISBN 978-3-351-03294-4

Aus dem Labor einer Generation

München, Mitte der 1990er Jahre: Tobias hat gerade sein Studium
beendet. Wie wird sein Leben weitergehen, zwischen Konzerten
von Punkbands, dem Job in einem Flüchtlingsheim und der vagen
Aussicht auf eine Doktorarbeit? Seine Rituale und Sehnsüchte
findet Tobias in »Vorn« wieder, dem Jugendmagazin einer großen
Tageszeitung. Nach einigem Zögern schreibt er einen Beitrag über
die Magie des Flipperspielens – und ist wenig später fester Autor
des Magazins. Seine Freundin Emily beobachtet immer argwöhni-
scher, wie ihn seine Begeisterung für das Heft mitreißt. Als er sich
in Sarah verliebt, beginnt Tobias zu begreifen, dass er in eine völlig
neue Welt geraten ist. Ein Riss tut sich auf zwischen seinem frühe-
ren und seinem jetzigen Leben. Ein brillanter, federleichter Roman
über das Lebensgefühl in den 90er Jahren.

*»Andreas Bernard ist, eben weil er so nah an der Normalität entlang
erzählt, eine grauenhaft schöne und wahre Liebesgeschichte gelungen.«*
MORITZ VON USLAR

Mehr Informationen erhalten Sie unter www.aufbau-verlag.de
oder in Ihrer Buchhandlung

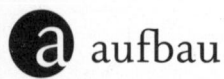

**MARY und
CHARLES LAMB**
Shakespeare für Eilige
Aus dem Englischen
von Karl Heinrich Keck
396 Seiten
ISBN 978-3-7466-1744-2

Die zwanzig besten Stücke als Geschichten

Die berühmte Sammlung der Geschwister Lamb aus dem Jahr 1807 besteht aus einfühlsamen Nacherzählungen der zwanzig bekanntesten Shakespeare-Stücke. Die oft verwirrenden Handlungsstränge werden in märchenhaften Geschichten übersichtlich wiedergegeben.

Ein vorzügliches Geschenk für Schüler, Studenten, das Kinopublikum der letzten Shakespeare-Verfilmungen und alle, die raschen Überblick suchen. Auch zum Vorlesen für Kinder bestens geeignet.

Mehr Informationen erhalten Sie unter www.aufbau-verlag.de
oder in Ihrer Buchhandlung

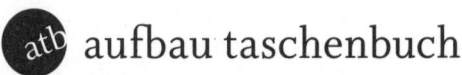

ROBERT MISIK
Marx für Eilige
192 Seiten
ISBN 978-3-7466-1945-3

Der Marxismus ist tot, aber Marx lebt

Das »Kommunistische Manifest«, »Das Kapital« sind verblüffend aktuell. Robert Misik stellt die wichtigsten Texte von Marx vor und skizziert ein lebendiges Porträt des herrschsüchtigen Visionärs, der immer über seine Verhältnisse lebte. Das Buch ist eine eloquente Einführung für Marx-Anfänger, eröffnet aber auch erstaunliche neue Perspektiven für Marx-Kenner.

Mehr Informationen erhalten Sie unter www.aufbau-verlag.de
oder in Ihrer Buchhandlung

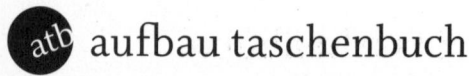

aufbau taschenbuch

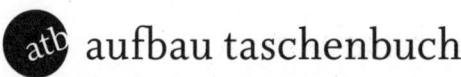

KARLA REIMERT
Kafka für Eilige
224 Seiten
ISBN 978-3-7466-2417-4

Was heißt eigentlich »kafkaesk«?

Wie oft findet sich der Leser als »umgedrehter Käfer« vor Franz Kafkas heller und doch unergründlicher Prosa wieder, nur hilflos ausgestattet mit dem Begriff des »Kafkaesken«? Karla Reimert nähert sich dem Prager Autor und seinen Artisten, Asketen und Angestellten auf beherzte Art und erzählt seine Romane, Erzählungen und biografischen Schriften ganz anschaulich, humorvoll und geistreich nach.

»Der kurzweilige Band macht auch eingefleischten Kafka-Fans Lust auf eine erneute Lektüre.« THÜRINGISCHE LANDESZEITUNG

**Mehr Informationen erhalten Sie unter www.aufbau-verlag.de
oder in Ihrer Buchhandlung**

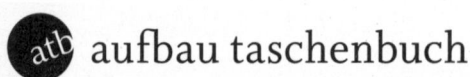

aufbau taschenbuch

HANSJÖRG SCHERTENLEIB
Cowboysommer
Roman
244 Seiten. Gebunden
ISBN 978-3-351-03321-7

»Freundschaft kann man genauso wenig erklären wie Liebe.«

»Er würde mir das Gefühl geben, da zu sein, am Leben zu sein, wirklich und immer, jede Sekunde.« Als Hanspeter, der Erzähler, Boyroth trifft, ahnt er sofort, dass zwischen ihnen eine tiefe Freundschaft entstehen wird. Boyroth ist anders als die anderen Siebzehnjährigen: Er weiß, was er will, spielt großartig Fußball, hört die richtige Musik, und die Mädchen umschwärmen ihn. Gemeinsam mit Boyroth möchte Hanspeter dem engen Zürich der Siebziger entfliehen. Doch dann geschieht das Unglück, das beide für ihr Leben zeichnet. Mit virtuoser Sprachmacht begegnet Hansjörg Schertenleib großen menschlichen Themen: »Wir sterben nur einmal. Aber das gilt auch für das Leben. Wir wissen es und wissen es doch nicht, denn es ist nicht auszuhalten.«

Mehr von Hansjörg Schertenleib im Aufbau Taschenbuch (Auswahl):
Das Regenorchester. Roman. atb 2571-3
Der Antiquar. Roman. atb 2397-9
Die Geschwister. Roman. atb 2445-7
Das Zimmer der Signora. Roman. atb 2106-7

**Mehr Informationen erhalten Sie unter www.aufbau-verlag.de
oder in Ihrer Buchhandlung**